AF196190

Tucholsky Wagner Zola Scott Sydow Freud Schlegel
Turgenev Fonatne Wallace
Twain Walther von der Vogelweide Fouqué Friedrich II. von Preußen
Weber Freiligrath Frey
Fechner Fichte Weiße Rose von Fallersleben Kant Ernst Frommel
Richthofen
Engels Fielding Hölderlin Tacitus Dumas
Fehrs Faber Flaubert Eichendorff
Feuerbach Maximilian I. von Habsburg Fock Eliasberg Zweig Ebner Eschenbach
Ewald Eliot Vergil
Goethe Elisabeth von Österreich London
Mendelssohn Balzac Shakespeare Dostojewski Ganghofer
Trackl Lichtenberg Rathenau Doyle Gjellerup
Mommsen Stevenson Tolstoi Lenz Hambruch Droste-Hülshoff
Thoma Hanrieder
Dach Verne von Arnim Hägele Hauff Humboldt
Karrillon Reuter Rousseau Hagen Hauptmann Gautier
Garschin
Damaschke Defoe Hebbel Baudelaire
Descartes
Hegel Kussmaul Herder
Wolfram von Eschenbach Schopenhauer
Darwin Dickens Rilke George
Bronner Melville Grimm Jerome
Campe Horváth Aristoteles Bebel Proust
Bismarck Vigny Barlach Voltaire Federer Herodot
Gengenbach Heine
Storm Casanova Tersteegen Grillparzer Georgy
Brentano Chamberlain Lessing Langbein Gilm Gryphius
Strachwitz Claudius Schiller Lafontaine Iffland Sokrates
Bellamy Schilling Kralik
Katharina II. von Rußland Gerstäcker Raabe Gibbon Tschechow
Löns Hesse Hoffmann Gogol Wilde Gleim Vulpius
Luther Heym Hofmannsthal Klee Hölty Morgenstern Goedicke
Roth Heyse Klopstock Kleist
Luxemburg Puschkin Homer Mörike Musil
Machiavelli La Roche Horaz
Navarra Aurel Musset Kierkegaard Kraft Kraus
Nestroy Marie de France Lamprecht Kind Kirchhoff Hugo Moltke
Laotse Ipsen Liebknecht
Nietzsche Nansen Ringelnatz
Marx Lassalle Gorki Klett Leibniz
von Ossietzky May vom Stein Lawrence Irving
Petalozzi Platon Knigge
Sachs Pückler Michelangelo Kock Kafka
Poe Liebermann Korolenko
de Sade Praetorius Mistral Zetkin

Der Verlag tredition aus Hamburg veröffentlicht in der Reihe **TREDITION CLASSICS** Werke aus mehr als zwei Jahrtausenden. Diese waren zu einem Großteil vergriffen oder nur noch antiquarisch erhältlich.

Symbolfigur für **TREDITION CLASSICS** ist Johannes Gutenberg (1400 — 1468), der Erfinder des Buchdrucks mit Metalllettern und der Druckerpresse.

Mit der Buchreihe **TREDITION CLASSICS** verfolgt tredition das Ziel, tausende Klassiker der Weltliteratur verschiedener Sprachen wieder als gedruckte Bücher aufzulegen – und das weltweit!

Die Buchreihe dient zur Bewahrung der Literatur und Förderung der Kultur. Sie trägt so dazu bei, dass viele tausend Werke nicht in Vergessenheit geraten.

Das Buch Le Grand

Heinrich Heine

Impressum

Autor: Heinrich Heine
Umschlagkonzept: toepferschumann, Berlin

Verlag: tradition GmbH, Hamburg
ISBN: 978-3-8424-9044-4
Printed in Germany

Rechtlicher Hinweis:
Alle Werke sind nach unserem besten Wissen gemeinfrei und
unterliegen damit nicht mehr dem Urheberrecht.

Ziel der TREDITION CLASSICS ist es, tausende deutsch- und
fremdsprachige Klassiker wieder in Buchform verfügbar zu
machen. Die Werke wurden eingescannt und digitalisiert. Dadurch
können etwaige Fehler nicht komplett ausgeschlossen werden.
Unsere Kooperationspartner und wir von tradition versuchen, die
Werke bestmöglich zu bearbeiten. Sollten Sie trotzdem einen Fehler
finden, bitten wir diesen zu entschuldigen. Die Rechtschreibung der
Originalausgabe wurde unverändert übernommen. Daher können
sich hinsichtlich der Schreibweise Widersprüche zu der heutigen
Rechtschreibung ergeben.

Heinrich Heine

Ideen. Das Buch Le Grand

Evelina
empfange diese Blätter
als ein Zeichen der Freundschaft und Liebe

Kapitel 1

> Sie war liebenswürdig, und Er liebte Sie; Er aber
> war nicht liebenswürdig, und Sie liebte Ihn nicht.
> (Altes Stück)

Madame, kennen Sie das alte Stück? Es ist ein ganz außerordentliches Stück, nur etwas zu sehr melancholisch. Ich hab mal die Hauptrolle darin gespielt, und da weinten alle Damen, nur eine Einzige weinte nicht, nicht eine einzige Träne weinte sie, und das war eben die Pointe des Stücks, die eigentliche Katastrophe –

O diese einzige Träne! sie quält mich noch immer in Gedanken; der Satan, wenn er meine Seele verderben will, flüstert mir ins Ohr ein Lied von dieser ungeweinten Träne, ein fatales Lied mit einer noch fataleren Melodie – ach, nur in der Hölle hört man diese Melodie! – – – – – – – – –

Wie man im Himmel lebt, Madame, können Sie sich wohl vorstellen, um so eher, da Sie verheuratet sind. Dort amüsiert man sich ganz süperbe, man hat alle mögliche Vergnügungen, man lebt in lauter Lust und Plaisir, so recht wie Gott in Frankreich. Man speist von Morgen bis Abend, und die Küche ist so gut wie die Jagorsche, die gebratenen Gänse fliegen herum mit den Sauceschüsselchen im Schnabel, und fühlen sich geschmeichelt, wenn man sie verzehrt, butterglänzende Torten wachsen wild wie Sonnenblumen, überall Bäche mit Bouillon und Champagner, überall Bäume, woran Servietten flattern, und man speist und wischt sich den Mund, und speist wieder, ohne sich den Magen zu verderben, man singt Psalmen, oder man tändelt und schäkert mit den lieben, zärtlichen Engelein, oder man geht spazieren auf der grünen Halleluja-Wiese, und die weißwallenden Kleider sitzen sehr bequem, und nichts stört da das Gefühl der Seligkeit, kein Schmerz, kein Mißbehagen, ja sogar, wenn einer dem andern zufällig auf die Hühneraugen tritt und excusez! ausruft, so lächelt dieser wie verklärt und versichert: Dein Tritt, Bruder, schmerzt nicht, sondern au contraire, mein Herz fühlt dadurch nur desto süßere Himmelswonne.

Aber von der Hölle, Madame, haben Sie gar keine Idee. Von allen Teufeln kennen Sie vielleicht nur den kleinsten, das Beelzebübchen

Amor, den artigen Croupier der Hölle, und diese selbst kennen Sie nur aus dem »Don Juan«, und für diesen Weiberbetrüger, der ein böses Beispiel gibt, dünkt sie Ihnen niemals heiß genug, obgleich unsere hochlöblichen Theaterdirektionen soviel Flammenspektakel, Feuerregen, Pulver und Kolophonium dabei aufgehen lassen, wie es nur irgend ein guter Christ in der Hölle verlangen kann.

Indessen, in der Hölle sieht es viel schlimmer aus, als unsere Theaterdirektoren wissen – sie würden auch sonst nicht so viele schlechte Stücke aufführen lassen – in der Hölle ist es ganz höllisch heiß, und als ich mal in den Hundstagen dort war, fand ich es nicht zum Aushalten. Sie haben keine Idee von der Hölle, Madame. Wir erlangen dorther wenig offizielle Nachrichten. Daß die armen Seelen da drunten den ganzen Tag all die schlechten Predigten lesen müssen, die hier oben gedruckt werden – das ist Verleumdung. So schlimm ist es nicht in der Hölle, so raffinierte Qualen wird Satan niemals ersinnen. Hingegen Dantes Schilderung ist etwas zu mäßig, im ganzen allzu poetisch. Mir erschien die Hölle wie eine große bürgerliche Küche, mit einem unendlich langen Ofen, worauf drei Reihen eiserne Töpfe standen, und in diesen saßen die Verdammten und wurden gebraten. In der einen Reihe saßen die christlichen Sünder, und sollte man es wohl glauben! ihre Anzahl war nicht allzu klein, und die Teufel schürten unter ihnen das Feuer mit besonderer Geschäftigkeit. In der anderen Reihe saßen die Juden, die beständig schrien und von den Teufeln zuweilen geneckt wurden, wie es sich denn gar possierlich ausnahm, als ein dicker, pustender Pfänderverleiher über allzugroße Hitze klagte, und ein Teufelchen ihm einige Eimer kaltes Wasser über den Kopf goß, damit er sähe, daß die Taufe eine wahre erfrischende Wohltat sei. In der dritten Reihe saßen die Heiden, die, ebenso wie die Juden, der Seligkeit nicht teilhaftig werden können, und ewig brennen müssen. Ich hörte, wie einer derselben, dem ein vierschrötiger Teufel neue Kohlen unterlegte, gar unwillig aus dem Topfe hervorrief: »Schone meiner, ich war Sokrates, der Weiseste der Sterblichen, ich habe Wahrheit und Gerechtigkeit gelehrt und mein Leben geopfert für die Tugend.« Aber der vierschrötige, dumme Teufel ließ sich in seinem Geschäfte nicht stören und brummte: »Ei was! alle Heiden müssen brennen, und wegen eines einzigen Menschen dürfen wir keine Ausnahme machen.« –

Ich versichere Sie, Madame, es war eine fürchterliche Hitze, und ein Schreien, Seufzen, Stöhnen, Quäken, Greinen, Quirilieren – und durch all diese entsetzlichen Töne drang vernehmbar jene fatale Melodie des Liedes von der ungeweinten Träne.

Kapitel 2

Sie war liebenswürdig, und Er liebte Sie; Er aber
war nicht liebenswürdig, und Sie liebte Ihn nicht.
(Altes Stück)

Madame! das alte Stück ist eine Tragödie, obschon der Held darin
weder ermordet wird, noch sich selbst ermordet. Die Augen der
Heldin sind schön, sehr schön – Madame, riechen Sie nicht Veil-
chenduft? – sehr schön, und doch so scharfgeschliffen, daß sie mir
wie gläserne Dolche durch das Herz drangen, und gewiß aus meinem Rücken wieder herausguckten – aber ich starb doch nicht an
diesen meuchelmörderischen Augen. Die Stimme der Heldin ist
auch schön – Madame, hörten Sie nicht eben eine Nachtigall schlagen? – eine schöne, seidne Stimme, ein süßes Gespinst der sonnigs-
ten Töne, und meine Seele ward darin verstrickt und würgte sich
und quälte sich. Ich selbst – es ist der Graf vom Ganges, der jetzt
spricht, und die Geschichte spielt in Venedig – ich selbst hatte mal
dergleichen Quälereien satt, und dachte schon im ersten Akte dem
Spiel ein Ende zu machen, und die Schellenkappe mitsamt dem
Kopfe herunterzuschießen, und ich ging nach einem Galanteriela-
den auf der Via Burstah, wo ich ein paar schöne Pistolen in einem
Kasten ausgestellt fand – ich erinnere mich dessen noch sehr gut, es
standen daneben viel freudige Spielsachen von Perlemutter und
Gold, eiserne Herzen an güldenen Kettlein, Porzellantassen mit
zärtlichen Devisen, Schnupftabaksdosen mit hübschen Bildern, z. B.
die göttliche Geschichte von der Susanna, der Schwanengesang der
Leda, der Raub der Sabinerinnen, die Lukrezia, das dicke Tugend-
mensch mit dem entblößten Busen, in den sie sich den Dolch nachträglich hineinstößt, die selige Bethmann, la belle ferroniere, lauter
lockende Gesichter – aber ich kaufte doch die Pistolen, ohne viel zu
dingen, und dann kauft ich Kugeln, dann Pulver, und dann ging ich
in den Keller des Signor Unbescheiden, und ließ mir Austern und
ein Glas Rheinwein vorstellen

Essen konnt ich nicht und trinken noch viel weniger. Die heißen
Tropfen fielen ins Glas, und im Glas sah ich die liebe Heimat, den
blauen, heiligen Ganges, den ewigstrahlenden Himalaja, die riesi-
gen Bananenwälder, in deren weiten Laubgängen die klugen Ele-

fanten und die weißen Pilger ruhig wandelten, seltsam träumeri-
sche Blumen sahen mich an, heimlich mahnend, goldne Wundervö-
gel jubelten wild, flimmernde Sonnenstrahlen und süßnärrische
Laute von lachenden Affen neckten mich lieblich, aus fernen Pago-
den ertönten die frommen Priestergebete, und dazwischen klang
die schmelzend klagende Stimme der Sultanin von Delhi – in ihrem
Teppichgemache rannte sie stürmisch auf und nieder, sie zerriß
ihren silbernen Schleier, sie stieß zu Boden die schwarze Sklavin mit
dem Pfauenwedel, sie weinte, sie tobte, sie schrie – Ich konnte sie
aber nicht verstehen, der Keller des Signor Unbescheiden ist 3000
Meilen entfernt vom Harem zu Delhi, und dazu war die schöne
Sultanin schon tot seit 3000 Jahren – und ich trank hastig den Wein,
den hellen, freudigen Wein, und doch wurde es in meiner Seele
immer dunkler und trauriger – Ich war zum Tode verurteilt – – – – –
–

Als ich die Kellertreppe wieder hinaufstieg, hörte ich das Ar-
mesünderglöckchen läuten, die Menschenmenge wogte vorüber; ich
aber stellte mich an die Ecke der Strada San Giovanni und hielt
folgenden Monolog :

In alten Märchen gibt es goldne Schlösser,

Wo Harfen klingen, schöne Jungfraun tanzen,

Und schmucke Diener blitzen, und Jasmin

Und Myrt und Rosen ihren Duft verbreiten

Und doch ein einziges Entzaubrungswort

Macht all die Herrlichkeit im Nu zerstieben,

Und übrig bleibt nur alter Trümmerschutt

Und krächzend Nachtgevögel und Morast.

So hab auch ich, mit einem einzgen Worte,

Die ganze blühende Natur entzaubert.

Da liegt sie nun, leblos und kalt und fahl,

Wie eine aufgeputzte Königsleiche,

Der man die Backenknochen rot gefärbt

Und in die Hand ein Zepter hat gelegt.

Die Lippen aber schauen gelb und welk,

Weil man vergaß sie gleichfalls rot zu schminken,

Und Mäuse springen um die Königsnase,

Und spotten frech des großen, goldnen Zepters. –

Es ist allgemein rezipiert, Madame, daß man einen Monolog hält, ehe man sich totschießt. Die meisten Menschen benutzen bei solcher Gelegenheit das hamletische »Sein oder Nichtsein«. Es ist eine gute Stelle, und ich hätte sie hier auch gern zitiert – aber, jeder ist sich selbst der Nächste, und hat man, wie ich, ebenfalls Tragödien geschrieben, worin solche Lebensabiturienten- Reden enthalten sind, z. B. den unsterblichen »Almansor«, so ist es sehr natürlich, daß man seinen eignen Worten, sogar vor den Shakespeareschen, den Vorzug gibt. Auf jeden Fall sind solche Reden ein sehr nützlicher Brauch; man gewinnt dadurch wenigstens Zeit – Und so geschah es, daß ich an der Ecke der Strada San Giovanni etwas lange stehenblieb – und als ich da stand, ein Verurteilter, der dem Tode geweiht war, da erblickte ich plötzlich sie!

Sie trug ihr blauseidnes Kleid, und den rosaroten Hut, und ihr Auge sah mich an so mild, so todbesiegend, so lebenschenkend – Madame, Sie wissen wohl aus der römischen Geschichte, daß, wenn die Vestalinnen im alten Rom auf ihrem Wege einem Verbrecher begegneten, der zur Hinrichtung geführt wurde so hatten sie das Recht, ihn zu begnadigen, und der arme Schelm blieb am Leben. – Mit einem einzigen Blick hat sie mich vom Tode gerettet, und ich stand vor ihr wie neubelebt, wie geblendet vom Sonnenglanze ihrer Schönheit, und sie ging weiter – und ließ mich am Leben.

Kapitel 3

Und sie ließ mich am Leben, und ich lebe, und das ist die Hauptsache.

Mögen andre das Glück genießen, daß die Geliebte ihr Grabmal mit Blumenkränzen schmückt und mit Tränen der Treue benetzt – Oh, Weiber! haßt mich, verlacht mich, bekorbt mich! aber laßt mich leben! Das Leben ist gar zu spaßhaft süß; und die Welt ist so lieblich verworren; sie ist der Traum eines weinberauschten Gottes, der sich aus der zechenden Götterversammlung á la française fortgeschlichen, und auf einem einsamen Stern sich schlafen gelegt, und selbst nicht weiß, daß er alles das auch erschafft, was er träumt – und die Traumgebilde gestalten sich oft buntscheckig toll, oft auch harmonisch vernünftig – die Ilias, Plato, die Schlacht bei Marathon, Moses, die Mediceische Venus, der Straßburger Münster, die Französische Revolution, Hegel, die Dampfschiffe usw. sind einzelne gute Gedanken in diesem schaffenden Gottestraum – aber es wird nicht lange dauern, und der Gott erwacht, und reibt sich die verschlafenen Augen, und lächelt – und unsre Welt ist zerronnen in Nichts, ja, sie hat nie existiert.

Gleichviel! ich lebe. Bin ich auch nur das Schattenbild in einem Traum, so ist auch dieses besser als das kalte, schwarze, leere Nichtsein des Todes. Das Leben ist der Güter höchstes, und das schlimmste Übel ist der Tod. Mögen berlinische Gardeleutnants immerhin spötteln und es Feigheit nennen, daß der Prinz von Homburg zurückschaudert, wenn er sein offnes Grab erblickt – Heinrich Kleist hatte dennoch ebensoviel Courage wie seine hochbrüstigen, wohlgeschnürten Kollegen, und er hat es leider bewiesen. Aber alle kräftige Menschen lieben das Leben. Goethes Egmont scheidet nicht gern »von der freundlichen Gewohnheit des Daseins und Wirkens«. Immermanns Edwin hängt am Leben »wie 'n Kindlein an der Mutter Brüsten« und obgleich es ihm hart ankömmt, durch fremde Gnade zu leben, so fleht er dennoch um Gnade: »Weil Leben, Atmen doch das Höchste ist.«

Wenn Odysseus in der Unterwelt den Achilleus als Führer toter Helden sieht, und ihn preist wegen seines Ruhmes bei den Lebendigen und seines Ansehens sogar bei den Toten, antwortet dieser:

»Nicht mir rede vom Tod ein Trostwort, edler Odysseus!

Lieber ja wollt ich das Feld als Tagelöhner bestellen

Mann, ohn Erbe und eigenen Wohlstand,

Als die sämtliche Schar der geschwundenen Toten beherrschen.«

Ja, als der Major Düvent den großen Israel Löwe auf Pistolen forderte und zu ihm sagte: »Wenn Sie sich nicht stellen Herr Löwe, so sind Sie ein Hund«: da antwortete dieser: »Ich will lieber ein lebendiger Hund sein, als ein toter Löwe!« Und er hatte recht – Ich habe mich oft genug geschlagen, Madame, um dieses sagen zu dürfen – Gottlob! ich lebe! In meinen Adern kocht das rote Leben, unter meinen Füßen zuckt die Erde, in Liebesglut umschlinge ich Bäume und Marmorbilder, und sie werden lebendig in meiner Umarmung. Jedes Weib ist mir eine geschenkte Welt, ich schwelge in den Melodien ihres Antlitzes, und mit einem einzigen Blick meines Auges kann ich mehr genießen als andre, mit ihren sämtlichen Gliedmaßen, zeit ihres Lebens. Jeder Augenblick ist mir ja eine Unendlichkeit; ich messe nicht die Zeit mit der Brabanter, oder mit der kleinen Hamburger Elle, und ich brauche mir von keinem Priester ein zweites Leben versprechen zu lassen, da ich schon in diesem Leben genug erleben kann, wenn ich rückwärts lebe, im Leben der Vorfahren, und mir die Ewigkeit erobere im Reiche der Vergangenheit.

Und ich lebe! Der große Pulsschlag der Natur bebt auch in meiner Brust, und wenn ich jauchze, antwortet mir ein tausendfältiges Echo. Ich höre tausend Nachtigallen. Der Frühling hat sie gesendet, die Erde aus ihrem Morgenschlummer zu wecken, und die Erde schauert vor Entzücken, ihre Blumen sind die Hymnen, die sie in Begeisterung der Sonne entgegensingt – die Sonne bewegt sich viel zu langsam, ich möchte ihre Feuerrosse peitschen, damit sie schneller dahinjagen – Aber wenn sie zischend ins Meer hinabsinkt, und die große Nacht heraufsteigt, mit ihrem großen sehnsüchtigen Auge, oh! dann durchbebt mich erst recht die rechte Lust, wie schmeichelnde Mädchen legen sich die Abendlüfte an mein brausendes Herz, und die Sterne winken, und ich erhebe mich, und schwebe über der kleinen Erde und den kleinen Gedanken der Menschen.

Kapitel 4

Aber einst wird kommen der Tag, und die Glut in meinen Adern ist erloschen, in meiner Brust wohnt der Winter, seine weißen Flocken umflattern spärlich mein Haupt, und seine Nebel verschleiern mein Auge. In verwitterten Gräbern liegen meine Freunde, ich allein bin zurückgeblieben, wie ein einsamer Halm, den der Schnitter vergessen, ein neues Geschlecht ist hervorgeblüht mit neuen Wünschen und neuen Gedanken, voller Verwunderung höre ich neue Namen und neue Lieder, die alten Namen sind verschollen, und ich selbst bin verschollen, vielleicht noch von wenigen geehrt, von vielen verhöhnt, und von niemanden geliebt! Und es springen heran zu mir die rosenwangigen Knaben, und drücken mir die alte Harfe in die zitternde Hand, und sprechen lachend: Du hast schon lange geschwiegen, du fauler Graukopf, sing uns wieder Gesänge von den Träumen deiner Jugend.

Dann ergreif ich die Harfe, und die alten Freuden und Schmerzen erwachen, die Nebel zerrinnen, Tränen blühen wieder aus meinen toten Augen, es frühlingt wieder in meiner Brust, süße Töne der Wehmut beben in den Saiten der Harfe, ich sehe wieder den blauen Fluß und die marmornen Paläste, und die schönen Frauen- und Mädchengesichter – und ich singe ein Lied von den Blumen der Brenta.

Es wird mein letztes Lied sein, die Sterne werden mich anblicken wie in den Nächten meiner Jugend, das verliebte Mondlicht küßt wieder meine Wangen, die Geisterchöre verstorbener Nachtigallen flöten aus der Ferne, schlaftrunken schließen sich meine Augen, meine Seele verhallt wie die Töne meiner Harfe – es duften die Blumen der Brenta.

Ein Baum wird meinen Grabstein beschatten. Ich hätte gern eine Palme, aber diese gedeiht nicht im Norden. Es wird wohl eine Linde sein, und sommerabends werden dort die Liebenden sitzen und kosen; der Zeisig, der sich lauschend in den Zweigen wiegt, ist verschwiegen, und meine Linde rauscht traulich über den Häuptern der Glücklichen, die so glücklich sind, daß sie nicht einmal Zeit haben zu lesen, was auf dem weißen Leichensteine geschrieben steht. Wenn aber späterhin der Liebende sein Mädchen verloren hat, dann kommt er wieder zu der wohlbekannten Linde, und seufzt und weint, und betrachtet den Leichenstein, lang und oft, und liest darauf die Inschrift: – Er liebte die Blumen der Brenta.

Kapitel 5

Madame! ich habe Sie belogen. Ich bin nicht der Graf vom Ganges. Niemals im Leben sah ich den heiligen Strom, niemals die Lotosblumen, die sich in seinen frommen Wellen bespiegeln. Niemals lag ich träumend unter indischen Palmen, niemals lag ich betend vor dem Diamantengott zu Jagernaut, durch den mir doch leicht geholfen wäre. Ich war ebensowenig jemals in Kalkutta wie der Kalkuttenbraten, den ich gestern mittag gegessen. Aber ich stamme aus Hindostan, und daher fühl ich mich so wohl in den breiten Sangeswäldern Valmikis, die Heldenleiden des göttlichen Ramo bewegen mein Herz wie ein bekanntes Weh, aus den Blumenliedern Kalidasas blühn mir hervor die süßesten Erinnerungen, und als vor einigen Jahren eine gütige Dame in Berlin mir die hübschen Bilder zeigte, die ihr Vater, der lange Zeit Gouverneur in Indien war, von dort mitgebracht, schienen mir die zartgemalten, heilig -stillen Gesichter so wohlbekannt, und es war mir, als beschaute ich meine eigne Familiengalerie.

Franz Bopp – Madame, Sie haben gewiß seinen »Nalus« und sein »Konjugationssystem des Sanskrit« gelesen – gab mir manche Auskunft über meine Ahnherren, und ich weiß jetzt genau, daß ich aus dem Haupte Brahmas entsprossen bin, und nicht aus seinen Hühneraugen; ich vermute sogar, daß der ganze Mahabharata mit seinen 200000 Versen bloß ein allegorischer Liebesbrief ist, den mein Urahnherr an meine Urältermutter geschrieben – Oh! sie liebten sich sehr, ihre Seelen küßten sich, sie küßten sich mit den Augen, sie waren beide nur ein einziger Kuß

Eine verzauberte Nachtigall sitzt auf einem roten Korallenbaum im Stillen Ozean, und singt ein Lied von der Liebe meiner Ahnen, neugierig blicken die Perlen aus ihren Muschelzellen, die wunderbaren Wasserblumen schauern vor Wehmut, die klugen Meerschnecken, mit ihren bunten Porzellantürmchen auf dem Rücken, kommen herangekrochen, die Seerosen erröten verschämt, die gelben, spitzigen Meersterne und die tausendfarbigen gläsernen Quabben regen und recken sich, und alles wimmelt und lauscht – Doch, Madame, dieses Nachtigallenlied ist viel zu groß, um es hierherzusetzen, es ist so groß, wie die Welt selbst, schon die Dedikation an

19

Anangas, den Gott der Liebe, ist so lang wie sämtliche Walter-Scottsche Romane, und darauf bezieht sich eine Stelle im Aristophanes, welche zu deutsch heißt :

Tiotio, tiotio, tiotinx,

Tototozo, zozotozo, zozotinx.

(Vossische Übers.)

Nein, ich bin nicht geboren in Indien; das Licht der Welt erblickte ich an den Ufern jenes schönen Stromes, wo auf grünen Bergen die Torheit wächst und im Herbste gepflückt, gekeltert, in Fässer gegossen und ins Ausland geschickt wird – Wahrhaftig, gestern bei Tische hörte ich jemanden eine Torheit sprechen, die Anno 1811 in einer Weintraube gesessen, welche ich damals selbst auf dem Johannisberge wachsen sah. – Viel Torheit wird aber auch im Lande selbst konsumiert, und die Menschen dort sind wie überall: – sie werden geboren, essen, trinken, schlafen, lachen, weinen, verleumden, sind ängstlich besorgt um die Fortpflanzung ihrer Gattung, suchen zu scheinen, was sie nicht sind, und zu tun, was sie nicht können, lassen sich nicht eher rasieren, als bis sie einen Bart haben, und haben oft einen Bart, ehe sie verständig sind, und wenn sie verständig sind, berauschen sie sich wieder mit weißer und roter Torheit.

Mon dieu! wenn ich doch so viel Glauben in mir hätte, daß ich Berge versetzen könnte – der Johannisberg wäre just derjenige Berg, den ich mir überall nachkommen ließe. Aber da mein Glaube nicht so stark ist, muß mir die Phantasie helfen und sie versetzt mich selbst nach dem schönen Rhein.

Oh, da ist ein schönes Land, voll Lieblichkeit und Sonnenschein. Im blauen Strome spiegeln sich die Bergesufer mit ihren Burgruinen und Waldungen und altertümlichen Städten – Dort vor der Haustür sitzen die Bürgersleute des Sommerabends, und trinken aus großen Kannen, und schwatzen vertraulich: wie der Wein, gottlob! gedeiht, und wie die Gerichte durchaus öffentlich sein müssen, und wie die Maria Antoinette so mir nichts dir nichts guillotiniert worden, und wie die Tabaksregie den Tabak verteuert, und wie alle Menschen gleich sind, und wie der Görres ein Hauptkerl ist.

Ich habe mich nie um dergleichen Gespräche bekümmert, und saß lieber bei den Mädchen am gewölbten Fenster, und lachte über ihr Lachen, und ließ mich mit Blumen ins Gesicht schlagen, und stellte mich böse, bis sie mir ihre Geheimnisse oder irgendeine andre wichtige Geschichte erzählten. Die schöne Gertrud war bis zum Tollwerden vergnügt, wenn ich mich zu ihr setzte; es war ein Mädchen wie eine flammende Rose, und als sie mir einst um den Hals fiel, glaubte ich, sie würde verbrennen und verduften in meinen Armen. Die schöne Katharine zerfloß in klingender Sanftheit, wenn sie mit mir sprach, und ihre Augen waren von einem so reinen, innigen Blau, wie ich es noch nie bei Menschen und Tieren, und nur selten bei Blumen gefunden; man sah gern hinein und konnte sich so recht viel Süßes dabei denken. Aber die schöne Hedwig liebte mich; denn wenn ich zu ihr trat, beugte sie das Haupt zur Erde, so daß die schwarzen Locken über das errötende Gesicht herabfielen, und die glänzenden Augen wie Sterne aus dunkelem Himmel hervorleuchteten. Ihre verschämten Lippen sprachen kein Wort, und auch ich konnte ihr nichts sagen. Ich hustete und sie zitterte. Sie ließ mich manchmal durch ihre Schwester bitten, nicht so rasch die Felsen zu besteigen, und nicht im Rheine zu baden, wenn ich mich heiß gelaufen oder getrunken. Ich behorchte mal ihr andächtiges Gebet vor dem Marienbildchen, das mit Goldflittern geziert und von einem brennenden Lämpchen umflittert, in einer Nische der Hausflur stand; ich hörte deutlich, wie sie die Muttergottes bat: ihm das Klettern, Trinken und Baden zu verbieten. Ich hätte mich gewiß in das schöne Mädchen verliebt, wenn sie gleichgültig gegen mich gewesen wäre; und ich war gleichgültig gegen sie, weil ich wußte, daß sie mich liebte – Madame, wenn man von mir geliebt sein will, muß man mich en canaille behandeln.

Die schöne Johanna war die Base der drei Schwestern, und ich setzte mich gern zu ihr. Sie wußte die schönsten Sagen, und wenn sie mit der weißen Hand zum Fenster hinauszeigte, nach den Bergen, wo alles passiert war, was sie erzählte, so wurde mir ordentlich verzaubert zumute, die alten Ritter stiegen sichtbar aus den Burgruinen und zerhackten sich die eisernen Kleider, die Lore-Ley stand wieder auf der Bergesspitze und sang hinab ihr süß verderbliches Lied, und der Rhein rauschte so vernünftig, beruhigend und doch zugleich neckend schauerlich – und die schöne Johanne sah mich an so seltsam, so heimlich, so rätselhaft traulich, als gehörte sie selbst zu den Märchen, wovon sie eben erzählte. Sie war ein schlankes, blasses Mädchen, sie war todkrank und sinnend, ihre Augen waren klar wie die Wahrheit selbst, ihre Lippen fromm gewölbt, in den Zügen ihres Antlitzes lag eine große Geschichte, aber es war eine heilige Geschichte – Etwa eine Liebeslegende? Ich weiß nicht, und ich hatte auch nie den Mut, sie zu fragen. Wenn ich sie lange ansah, wurde ich ruhig und heiter, es ward mir, als sei stiller Sonntag in meinem Herzen und die Engel darin hielten Gottesdienst. In solchen guten Stunden erzählte ich ihr Geschichten aus meiner Kindheit, und sie hörte immer ernsthaft zu, und seltsam! wenn ich mich nicht mehr auf die Namen besinnen konnte, so erinnerte sie mich daran. Wenn ich sie alsdann mit Verwunderung fragte: woher sie die Namen wisse? so gab sie lächelnd zur Antwort, sie habe sie von den Vögeln erfahren, die an den Fliesen ihres Fensters nisteten – und sie wollte mich gar glauben machen, dieses seien die nämlichen Vögel, die ich einst als Knabe mit meinem Taschengelde den hartherzigen Bauerjungen abgekauft habe, und dann frei fortfliegen lassen. Ich glaube aber, sie wußte alles, weil sie so blaß war und wirklich bald starb. Sie wußte auch, wann sie sterben würde, und wünschte, daß ich Andernacht den Tag vorher verlassen möchte. Beim Abschied gab sie mir beide Hände – es waren weiße, süße Hände, und rein wie eine Hostie – und sie sprach: du bist sehr gut, und wenn du böse wirst, so denke wieder an die kleine, tote Veronika.

Haben ihr die geschwätzigen Vögel auch diesen Namen verraten? Ich hatte mir in erinnerungssüchtigen Stunden so oft den Kopf zerbrochen und konnte mich nicht mehr auf den lieben Namen erinnern.

Jetzt, da ich ihn wieder habe, will mir auch die früheste Kindheit wieder im Gedächtnisse hervorblühen, und ich bin wieder ein Kind und spiele mit andern Kindern auf dem Schloßplatze zu Düsseldorf am Rhein.

Kapitel 6

Ja, Madame, dort bin ich geboren, und ich bemerke dieses ausdrücklich für den Fall, daß etwa, nach meinem Tode, sieben Städte – Schilda, Krähwinkel, Polkwitz, Bockum, Dülken, Göttingen und Schöppenstädt – sich um die Ehre streiten, meine Vaterstadt zu sein. Düsseldorf ist eine Stadt am Rhein, es leben da 16000 Menschen, und viele hunderttausend Menschen liegen noch außerdem da begraben. Und darunter sind manche, von denen meine Mutter sagt, es wäre besser, sie lebten noch, z. B. mein Großvater und mein Oheim, der alte Herr v. Geldern und der junge Herr v. Geldern, die beide so berühmte Doktoren waren, und so viele Menschen vom Tode kuriert, und doch selber sterben mußten. Und die fromme Ursula, die mich als Kind auf den Armen getragen, liegt auch dort begraben, und es wächst ein Rosenstrauch auf ihrem Grab – Rosenduft liebte sie so sehr im Leben und ihr Herz war lauter Rosenduft und Güte. Auch der alte kluge Kanonikus liegt dort begraben. Gott, wie elend sah er aus, als ich ihn zuletzt sah! Er bestand nur noch aus Geist und Pflastern, und studierte dennoch Tag und Nacht, als wenn er besorgte, die Würmer möchten einige Ideen zuwenig in seinem Kopfe finden. Auch der kleine Wilhelm liegt dort, und daran bin ich schuld. Wir waren Schulkameraden im Franziskanerkloster und spielten auf jener Seite desselben, wo zwischen steinernen Mauern die Düssel fließt, und ich sagte: »Wilhelm, hol doch das Kätzchen, das eben hineingefallen« – und lustig stieg er hinab auf das Brett, das über dem Bach lag riß das Kätzchen aus dem Wasser, fiel aber selbst hinein, und, als man ihn herauszog, war er naß und tot. Das Kätzchen hat noch lange Zeit gelebt.

Die Stadt Düsseldorf ist sehr schön, und wenn man in der Ferne an sie denkt und zufällig dort geboren ist, wird einem wunderlich zumute. Ich bin dort geboren, und es ist mir, als müßte ich gleich nach Hause gehn. Und wenn ich sage nach Hause gehn, so meine ich die Bolkerstraße und das Haus, worin ich geboren bin. Dieses Haus wird einst sehr merkwürdig sein, und der alten Frau, die es besitzt, habe ich sagen lassen, daß sie beileibe das Haus nicht verkaufen solle. Für das ganze Haus bekäme sie jetzt doch kaum so viel wie schon allein das Trinkgeld betragen wird, das einst die grünverschleierten, vornehmen Engländerinnen dem Dienstmädchen geben, wenn es ihnen die Stube zeigt, worin ich das Licht der Welt erblickt, und den Hühnerwinkel, worin mich Vater gewöhnlich einsperrte, wenn ich Trauben genascht, und auch die braune Türe, worauf Mutter mich die Buchstaben mit Kreide schreiben lehrte – ach Gott! Madame, wenn ich ein berühmter Schriftsteller werde, so hat das meiner armen Mutter genug Mühe gekostet.

Aber mein Ruhm schläft jetzt noch in den Marmorbrüchen von Carrara, der Makulatur-Lorbeer, womit man meine Stirne geschmückt, hat seinen Duft noch nicht durch die ganze Welt verbreitet, und wenn jetzt die grünverschleierten, vornehmen Engländerinnen nach Düsseldorf kommen, so lassen sie das berühmte Haus noch unbesichtigt und gehen direkt nach dem Marktplatz und betrachten die dort in der Mitte stehende, schwarze, kolossale Reuterstatue. Diese soll den Kurfürsten Jan Wilhelm vor stellen. Er trägt einen schwarzen Harnisch, eine tiefherabhängende Allongeperücke – Als Knabe hörte ich die Sage, der Künstler, der diese Statue gegossen, habe während des Gießens mit Schrecken bemerkt, daß sein Metall nicht dazu ausreiche, und da wären die Bürger der Stadt herbeigelaufen, und hätten ihm ihre silbernen Löffel gebracht, um den Guß zu vollenden – und nun stand ich stundenlang vor dem Reuterbilde, und zerbrach mir den Kopf: wieviel silberne Löffel wohl darin stecken mögen, und wieviel Apfeltörtchen man wohl für all das Silber bekommen könnte? Apfeltörtchen waren nämlich damals meine Passion – jetzt ist es Liebe, Wahrheit, Freiheit und Krebssuppe – und eben unweit des Kurfürstenbildes, an der Theaterecke, stand gewöhnlich der wunderlich gebackene, säbelbeinige Kerl, mit der weißen Schürze und dem umgehängten Korbe voll lieblich dampfender Apfeltörtchen, die er mit einer unwiderstehlichen Diskantstimme anzupreisen wußte: »Die Apfeltörtchen sind ganz frisch, eben aus dem Ofen, riechen so delikat« – Wahrlich, wenn in meinen späteren Jahren der Versucher mir beikommen wollte, so sprach er mit solcher lodsenden Diskantstimme, und bei Signora Giulietta wäre ich keine volle zwölf Stunden geblieben, wenn sie nicht den süßen, duftenden Apfeltörtchenton angeschlagen hätte. Und wahrlich, nie würden Apfeltörtchen mich so sehr angereizt haben, hätte der krumme Hermann sie nicht so geheimnisvoll mit seiner weißen Schürze bedeckt – und die Schürzen sind es, welche – doch sie bringen mich ganz aus dem Kontext, ich sprach ja von der Reuterstatue, die so viel silberne Löffel im Leibe hat, und keine Suppe, und den Kurfürsten Jan Wilhelm darstellt.

Er soll ein braver Herr gewesen sein, und sehr kunstliebend, und selbst sehr geschickt. Er stiftete die Gemäldegalerie in Düsseldorf, und auf dem dortigen Observatorium zeigt man noch einen überaus künstlichen Einschachtelungsbecher von Holz, den er selbst in seinen Freistunden – er hatte deren täglich vierundzwanzig – geschnitzelt hat.

Damals waren die Fürsten noch keine geplagte Leute wie jetzt, und die Krone war ihnen am Kopfe festgewachsen, und des Nachts zogen sie noch eine Schlafmütze darüber, und schliefen ruhig, und ruhig zu ihren Füßen schliefen die Völker, und wenn diese des Morgens erwachten, so sagten sie: »Guten Morgen, Vater!« – und jene antworteten: »Guten Morgen, liebe Kinder!«

Aber es wurde plötzlich anders; als wir eines Morgens zu Düsseldorf erwachten, und »Guten Morgen, Vater!« sagen wollten, da war der Vater abgereist, und in der ganzen Stadt war nichts als stumpfe Beklemmung, es war überall eine Art Begräbnisstimmung, und die Leute schlichen schweigend nach dem Markte, und lasen den langen papiernen Anschlag auf der Türe des Rathauses. Es war ein trübes Wetter, und der dünne Schneider Kilian stand dennoch in seiner Nankingjacke, die er sonst nur im Hause trug, und die blauwollnen Strümpfe hingen ihm herab, daß die nackten Beinchen betrübt hervorguckten, und seine schmalen Lippen bebten, während er das angeschlagene Plakat vor sich hin murmelte. Ein alter pfälzischer Invalide las etwas lauter, und bei manchem Worte träufelte ihm eine klare Träne in den weißen, ehrlichen Schnauzbart. Ich stand neben ihm und weinte mit, und frug ihn: warum wir weinten? Und da antwortete er: »Der Kurfürst läßt sich bedanken.« Und dann las er wieder, und bei den Worten: »für die bewährte Untertanstreue« »und entbinden Euch Eurer Pflichten«, da weinte er noch stärker – Es ist wunderlich anzusehen, wenn so ein alter Mann mit verblichener Uniform und vernarbtem Soldatengesicht, plötzlich so stark weint. Während wir lasen, wurde auch das kurfürstliche Wappen vom Rathause heruntergenommen, alles gestaltete sich so beängstigend öde, es war, als ob man eine Sonnenfinsternis erwarte, die Herren Ratsherren gingen so abgedankt und langsam umher, sogar der allgewaltige Gassenvogt sah aus, als wenn er nichts mehr zu befehlen hätte, und stand da so friedlich- gleichgültig, obgleich der tolle Alouisius sich wieder auf ein Bein stellte und mit närrischer Grimasse die Namen der französischen Generale herschnatterte, während der besoffene, krumme Gumpertz sich in der Gosse herumwälzte und »Ça ira, ça ira!« sang.

Ich aber ging nach Hause, und weinte und klagte: »Der Kurfürst läßt sich bedanken.« Meine Mutter hatte ihre liebe Not, ich wußte was ich wußte, ich ließ mir nichts ausreden, ich ging weinend zu Bette, und in der Nacht träumte mir: die Welt habe ein Ende – die schönen Blumengärten und grünen Wiesen wurden wie Teppiche vom Boden aufgenommen und zusammengerollt, der Gassenvogt stieg auf eine hohe Leiter und nahm die Sonne vom Himmel herab, der Schneider Kilian stand dabei und sprach zu sich selber: »Ich muß nach Hause gehn und mich hübsch anziehn, denn ich bin tot, und soll noch heute begraben werden« – und es wurde immer dunkler, spärlich schimmerten oben einige Sterne und auch diese fielen herab wie gelbe Blätter im Herbste, allmählich verschwanden die Menschen, ich armes Kind irrte ängstlich umher, stand endlich vor der Weidenhecke eines wüsten Bauerhofes und sah dort einen Mann, der mit dem Spaten die Erde aufwühlte, und neben ihm ein häßlich hämisches Weib, das etwas wie einen abgeschnittenen Menschenkopf in der Schürze hielt, und das war der Mond, und sie legte ihn ängstlich sorgsam in die offne Grube – und hinter mir stand der pfälzische Invalide und schluchzte und buchstabierte: »Der Kurfürst läßt sich bedanken.«

Als ich erwachte, schien die Sonne wieder wie gewöhnlich durch das Fenster, auf der Straße ging die Trommel, und als ich in unsre Wohnstube trat und meinem Vater, der im weißen Pudermantel saß, einen guten Morgen bot, hörte ich, wie der leichtfüßige Friseur ihm während des Frisierens haarklein erzählte: daß heute auf dem Rathause dem neuen Großherzog Joachim gehuldigt werde, und daß dieser von der besten Familie sei, und die Schwester des Kaisers Napoleon zur Frau bekommen, und auch wirklich viel Anstand besitze, und sein schönes schwarzes Haar in Locken trage, und nächstens seinen Einzug halten und sicher allen Frauenzimmern gefallen müsse. Unterdessen ging das Getrommel, draußen auf der Straße, immer fort, und ich trat vor die Haustür und besah die einmarschierenden französischen Truppen, das freudige Volk des Ruhmes, das singend und klingend die Welt durchzog, die heiter-ernsten Grenadiergesichter, die Bärenmützen, die dreifarbigen Kokarden, die blinkenden Bajonette, die Voltigeurs voll Lustigkeit und Point d'honneur, und den allmächtig großen, silbergestickten Tambour-Major, der seinen Stock mit dem vergoldeten Knopf bis an die erste Etage werfen konnte und seine Augen sogar bis zur zweiten Etage – wo ebenfalls schöne Mädchen am Fenster saßen. Ich freute mich, daß wir Einquartierung bekämen – meine Mutter freute sich nicht – und ich eilte nach dem Marktplatz. Da sah es jetzt ganz anders aus, es war, als ob die Welt neu angestrichen worden, ein neues Wappen hing am Rathause, das Eisengeländer an dessen Balkon war mit gestickten Sammetdecken überhängt, französische Grenadiere standen Schildwache, die alten Herren Ratsherren hatten neue Gesichter angezogen und trugen ihre Sonntagsröcke, und sahen sich an auf französisch und sprachen bon jour; aus allen Fenstern guckten Damen, neugierige Bürgersleute und blanke Soldaten füllten den Platz, und ich nebst andern Knaben, wir kletterten auf das große Kurfürstenpferd und schauten davon herab auf das bunte Marktgewimmel.

Nachbars-Pitter und der lange Kurz hätten bei dieser Gelegenheit beinah den Hals gebrochen, und das wäre gut gewesen; denn der eine entlief nachher seinen Eltern, ging unter die Soldaten, desertierte, und wurde in Mainz totgeschossen, der andre aber machte späterhin geographische Untersuchungen in fremden Taschen, wurde deshalb wirkendes Mitglied einer öffentlichen Spinnanstalt, zerriß die eisernen Bande, die ihn an diese und an das Vaterland fesselten, kam glücklich über das Wasser und starb in London durch eine allzuenge Krawatte, die sich von selbst zugezogen, als ihm ein königlicher Beamter das Brett unter den Beinen wegriß.

Der lange Kurz sagte uns, daß heute keine Schule sei, wegen der Huldigung. Wir mußten lange warten, bis diese losgelassen wurde. Endlich füllte sich der Balkon des Rathauses mit bunten Herren, Fahnen und Trompeten, und der Herr Bürgermeister, in seinem berühmten roten Rock, hielt eine Rede, die sich etwas in die Länge zog, wie Gummi-Elastikum oder wie eine gestrickte Schlafmütze, in die man einen Stein geworfen – nur nicht den Stein der Weisen – und manche Redensarten konnte ich ganz deutlich vernehmen, z. B.

daß man uns glücklich machen wolle – und beim letzten Worte wurden die Trompeten geblasen und die Fahnen geschwenkt, und die Trommel gerührt, und Vivat gerufen – und während ich selber Vivat rief, hielt ich mich fest an den alten Kurfürsten. Und das tat not, denn mir wurde ordentlich schwindlig, ich glaubte schon, die Leute ständen auf den Köpfen, weil sich die Welt herumgedreht, das Kurfürstenhaupt mit der Allongeperücke nickte und flüsterte: »Halt fest an mir!« – und erst durch das Kanonieren, das jetzt auf dem Walle losging, ernüchterte ich mich, und stieg vom Kurfürstenpferd langsam wieder herab.

Als ich nach Hause ging, sah ich wieder, wie der tolle Alouisius auf einem Beine tanzte, während er die Namen der französischen Generale schnarrte, und wie sich der krumme Gumpertz besoffen in der Gosse herumwälzte und »Ça ira, ça ira« brüllte, und zu meiner Mutter sagte ich: »Man will uns glücklich machen und deshalb ist heute keine Schule.«

Kapitel 7

Den andern Tag war die Welt wieder ganz in Ordnung und es war wieder Schule, nach wie vor, und es wurde wieder auswendig gelernt, nach wie vor – die römischen Könige, die Jahreszahlen, die nomina auf im, die verba irregularia, Griechisch, Hebräisch, Geographie, deutsche Sprache, Kopfrechnen, – Gott! der Kopf schwindelt mir noch davon – alles mußte auswendig gelernt werden. Und manches davon kam mir in der Folge zustatten. Denn hätte ich nicht die römischen Könige auswendig gewußt, so wäre es mir ja späterhin ganz gleichgültig gewesen, ob Niebuhr bewiesen oder nicht bewiesen hat, daß sie niemals wirklich existiert haben. Und wußte ich nicht jene Jahrzahlen, wie hätte ich mich späterhin zurechtfinden wollen in dem großen Berlin, wo ein Haus dem andern gleicht, wie ein Tropfen Wasser oder wie ein Grenadier dem andern, und wo man seine Bekannten nicht zu finden vermag, wenn man nicht ihre Hausnummer im Kopfe hat; ich dachte mir damals bei jedem Bekannten zugleich eine historische Begebenheit, deren Jahrszahl mit seiner Hausnummer übereinstimmte, so daß ich mich dieser leicht erinnern konnte, wenn ich jener gedachte, und daher kam mir auch immer eine historische Begebenheit in den Sinn, sobald ich einen Bekannten erblickte. So z. B. wenn mir mein Schneider begegnete, dachte ich gleich an die Schlacht bei Marathon, begegnete mir der wohlgeputzte Bankier Christian Gumpel, so dachte ich gleich an die Zerstörung Jerusalems, erblickte ich einen stark verschuldeten portugiesischen Freund, so dachte ich gleich an die Flucht Mahomets, sah ich den Universitätsrichter, einen Mann, dessen strenge Rechtlichkeit bekannt ist, so dachte ich gleich an den Tod Hamans, sobald ich Wadzeck sah, dachte ich gleich an die Kleopatra – Ach, lieber Himmel, das arme Vieh ist jetzt tot, die Tränensäckchen sind vertrocknet, und man kann mit Hamlet sagen: Nehmt alles in allem, es war ein altes Weib, wir werden noch oft seinesgleichen haben! Wie gesagt, die Jahrszahlen sind durchaus nötig, ich kenne Menschen, die gar nichts als ein paar Jahrszahlen im Kopfe hatten, und damit in Berlin die rechten Häuser zu finden wußten, und jetzt schon ordentliche Professoren sind. Ich aber hatte in der Schule meine Not mit den vielen Zahlen! Mit dem eigentlichen Rechnen ging es noch schlechter. Am besten begriff ich das Subtrahieren, und da gibt es eine sehr praktische Hauptregel: »Vier von drei geht nicht, da muß ich eins borgen« – ich rate aber jedem, in solchen Fällen immer einige Groschen mehr zu borgen; denn man kann nicht wissen.

Was aber das Lateinische betrifft, so haben Sie gar keine Idee davon, Madame, wie das verwickelt ist. Den Römern würde gewiß nicht Zeit genug übriggeblieben sein, die Welt zu erobern, wenn sie das Latein erst hätten lernen sollen. Diese glücklichen Leute wußten schon in der Wiege, welche Nomina den Akkusativ auf im haben. Ich hingegen mußte sie im Schweiße meines Angesichts auswendig lernen; aber es ist doch immer gut, daß ich sie weiß. Denn hätte ich z. B. den 20sten Juli 1825, als ich öffentlich in der Aula zu Göttingen lateinisch disputierte – Madame, es war der Mühe wert zuzuhören – hätte ich da sinapem statt sinapim gesagt, so würden es vielleicht die anwesenden Füchse gemerkt haben, und das wäre für mich eine ewige Schande gewesen. Vis, buris, sitis, tussis, cucumis, amussis, cannabis, sinapis – Diese Wörter, die soviel Aufsehen in der Welt gemacht haben, bewirkten dieses, indem sie sich zu einer bestimmten Klasse schlugen und dennoch eine Ausnahme blieben; deshalb achte ich sie sehr, und daß ich sie bei der Hand habe, wenn ich sie etwa plötzlich brauchen sollte, das gibt mir in manchen trüben Stunden des Lebens viel innere Beruhigung und Trost. Aber, Madame, die verba irregularia – sie unterscheiden sich von den verbis regularibus dadurch, daß man bei ihnen noch mehr Prügel bekömmt – sie sind gar entsetzlich schwer. In den dumpfen Bogengängen des Franziskanerklosters, unfern der Schulstube, hing damals ein großer, gekreuzigter Christus von grauem Holze, ein wüstes Bild, das noch jetzt zuweilen des Nachts durch meine Träume schreitet, und mich traurig ansieht mit starren, blutigen Augen – vor diesem Bilde stand ich oft und betete: O du armer, ebenfalls gequälter Gott, wenn es dir nur irgend möglich ist, so sieh doch zu, daß ich die verba irregularia im Kopfe behalte.

Vom Griechischen will ich gar nicht sprechen; ich ärgere mich sonst zu viel. Die Mönche im Mittelalter hatten so ganz unrecht nicht, wenn sie behaupteten, daß das Griechische eine Erfindung des Teufels sei. Gott kennt die Leiden, die ich dabei ausgestanden. Mit dem Hebräischen ging es besser, denn ich hatte immer eine große Vorliebe für die Juden, obgleich sie, bis auf diese Stunde, meinen guten Namen kreuzigen; aber ich konnte es doch im Hebräischen nicht so weit bringen wie meine Taschenuhr, die viel intimen Umgang mit Pfänderverleihern hatte, und dadurch manche jüdische Sitte annahm – z. B. des Sonnabends ging sie nicht – und die heilige Sprache lernte, und sie auch späterhin grammatisch trieb; wie ich denn oft, in schlaflosen Nächten, mit Erstaunen hörte, daß sie beständig vor sich hin pickerte: katal, katalta, katalti – kittel, kittalta, kittalti – – pokat, pokadeti – pikat – pik – pik – –

Indessen von der deutschen Sprache begriff ich viel mehr, und die ist doch nicht so gar kinderleicht. Denn wir armen Deutschen, die wir schon mit Einquartierungen, Militärpflichten, Kopfsteuern und tausenderlei Abgaben genug geplagt sind, wir haben uns noch obendrein den Adelung aufgesackt und quälen uns einander mit dem Akkusativ und Dativ. Viel deutsche Sprache lernte ich vom alten Rektor Schallmeyer, einem braven geistlichen Herrn, der sich meiner von Kind auf annahm. Aber ich lernte auch etwas der Art von dem Professor Schramm, einem Manne, der ein Buch über den ewigen Frieden geschrieben hat, und in dessen Klasse sich meine Mitbuben am meisten rauften.

Während ich in einem Zuge fort schrieb und allerlei dabei dachte, habe ich mich unversehens in die alten Schulgeschichten hineingeschwatzt, und ich ergreife diese Gelegenheit, um Ihnen zu zeigen, Madame, wie es nicht meine Schuld war, wenn ich von der Geographie so wenig lernte, daß ich mich späterhin nicht in der Welt zurechtzufinden wußte. Damals hatten nämlich die Franzosen alle Grenzen verrückt, alle Tage wurden die Länder neu illuminiert, die sonst blau gewesen, wurden jetzt plötzlich grün, manche wurden sogar blutrot, die bestimmten Lehrbuchseelen wurden so sehr vertauscht und vermischt, daß kein Teufel sie mehr erkennen konnte, die Landesprodukte änderten sich ebenfalls; Zichorien und Runkelrüben wuchsen jetzt, wo sonst nur Hasen und hinterherlaufende Landjunker zu sehen waren, auch die Charaktere der Völker änderten sich, die Deutschen wurden gelenkig, die Franzosen machten keine Komplimente mehr, die Engländer warfen das Geld nicht mehr zum Fenster hinaus, und die Venezianer waren nicht schlau genug, unter den Fürsten gab es viel Avancement, die alten Könige bekamen neue Uniformen, neue Königtümer wurden gebacken und hatten Absatz wie frische Semmel, manche Potentaten hingegen wurden von Haus und Hof gejagt, und mußten auf andre Art ihr Brot zu verdienen suchen, und einige legten sich daher früh auf ein Handwerk und machten z. B. Siegellack oder – Madame, diese Periode hat endlich ein Ende, der Atem wollte mir ausgehen – kurz und gut, in solchen Zeiten kann man es in der Geographie nicht weit bringen.

Da hat man es doch besser in der Naturgeschichte, da können nicht so viele Veränderungen vorgehen, und da gibt es bestimmte Kupferstiche von Affen, Kinguruhs, Zebras, Nashornen usw. Weil mir solche Bilder im Gedächtnisse blieben, geschah es in der Folge sehr oft, daß mir manche Menschen beim ersten Anblick gleich wie alte Bekannte vorkamen.

Auch in der Mythologie ging es gut. Ich hatte meine liebe Freude an dem Göttergesindel, das so lustig nackt die Welt regierte. Ich glaube nicht, daß jemals ein Schulknabe im alten Rom die Hauptartikel seines Katechismus, z. B. die Liebschaften der Venus, besser auswendig gelernt hat, als ich. Aufrichtig gestanden, da wir doch einmal die alten Götter auswendig lernen mußten, so hätten wir sie auch behalten sollen, und wir haben vielleicht nicht viel Vorteil bei unserer neurömischen Dreigötterei, oder gar bei unserem jüdischen Eingötzentum. Vielleicht war jene Mythologie im Grunde nicht so unmoralisch, wie man sie verschrien hat; es ist z. B. ein sehr anständiger Gedanke des Homers, daß er jener vielbeliebten Venus einen Gemahl zur Seite gab.

Am allerbesten aber erging es mir in der französischen Klasse des Abbé d'Aulnoi, eines emigrierten Franzosen, der eine Menge Grammatiken geschrieben und eine rote Perücke trug, und gar pfiffig umhersprang, wenn er seine Art poétique und seine Histoire allemande vortrug – Er war im ganzen Gymnasium der einzige, welcher deutsche Geschichte lehrte. Indessen auch das Französische hat seine Schwierigkeiten, und zur Erlernung desselben gehört viel Einquartierung, viel Getrommel, viel apprendre par cœur, und vor allem darf man keine Bête allemande sein. Da gab es manches saure Wort, ich erinnere mich noch so gut, als wäre es erst gestern geschehen, daß ich durch la religion viel Unannehmlichkeiten erfahren. Wohl sechsmal erging an mich die Frage: »Henri, wie heißt der Glaube auf französisch?« Und sechsmal, und immer weinerlicher antwortete ich: »Das heißt le credit.« Und beim siebenten Male, kirschbraun im Gesichte, rief der wütende Examinator: »Er heißt la religion« – und es regnete Prügel, und alle Kameraden lachten. Madame! seit der Zeit kann ich das Wort religion nicht erwähnen hören, ohne daß mein Rücken blaß vor Schrecken, und meine Wange rot vor Scham wird. Und ehrlich gestanden, le credit hat mir im Leben mehr genützt als la religion – In diesem Augenblick fällt mir ein, daß ich dem Löwenwirt in Bologna noch fünf Taler schuldig bin – Und wahrhaftig, ich mache mich anheischig, dem Löwenwirt noch fünf Taler extra schuldig zu sein, wenn ich nur das unglückselige Wort la religion in diesem Leben nimmermehr zu hören brauche.

Parbleu Madame! ich habe es im Französischen weit gebracht! Ich verstehe nicht nur Patois, sondern sogar adeliges Bonnenfranzösisch. Noch unlängst, in einer noblen Gesellschaft, verstand ich fast die Hälfte von dem Diskurs zweier deutschen Komtessen, wovon jede über vierundsechzig Jahr und ebenso viele Ahnen zählte. Ja, im Café Royal zu Berlin hörte ich einmal den Monsieur Hans Michel Martens französisch parlieren, und verstand jedes Wort, obschon kein Verstand darin war. Man muß den Geist der Sprache kennen, und diesen lernt man am besten durch Trommeln. Parbleu! wieviel verdanke ich nicht dem französischen Tambour, der so lange bei uns in Quartier lag, und wie ein Teufel aussah, und doch von Herzen so engelgut war, und so ganz vorzüglich trommelte.

Es war eine kleine, bewegliche Figur mit einem fürchterlichen, schwarzen Schnurrbarte, worunter sich die roten Lippen trotzig hervorbäumten, während die feurigen Augen hin und her schossen.

Ich kleiner Junge hing an ihm wie eine Klette, und half ihm seine Knöpfe spiegelblank putzen und seine Weste mit Kreide weißen – denn Monsieur Le Grand wollte gerne gefallen – und ich folgte ihm auch auf die Wache, nach dem Appell, nach der Parade – da war nichts als Waffenglanz und Lustigkeit – les jours de fête sont passés! Monsieur Le Grand wußte nur wenig gebrochenes Deutsch, nur die Hauptausdrücke – Brot, Kuß, Ehre – doch konnte er sich auf der Trommel sehr gut verständlich machen, z. B. wenn ich nicht wußte, was das Wort »liberté« bedeute, so trommelte er den Marseiller Marsch – und ich verstand ihn. Wußte ich nicht die Bedeutung des

Wortes »égalité«, so trommelte er den Marsch »Ça ira, ça ira – – – les aristocrates à la lanterne!« – und ich verstand ihn. Wußte ich nicht, was »bêtise« sei, so trommelte er den Dessauer Marsch, den wir Deutschen, wie auch Goethe berichtet, in der Champagne getrommelt – und ich verstand ihn. Er wollte mir mal das Wort »L'Allemagne« erklären, und er trommelte jene allzueinfache Urmelodie, die man oft an Markttagen bei tanzenden Hunden hört, nämlich Dum – Dum – Dum – ich ärgerte mich, aber ich verstand ihn doch.

Auf ähnliche Weise lehrte er mich auch die neuere Geschichte. Ich verstand zwar nicht die Worte, die er sprach, aber da er während des Sprechens beständig trommelte, so wußte ich doch, was er sagen wollte. Im Grunde ist das die beste Lehrmethode. Die Geschichte von der Bestürmung der Bastille, der Tuilerien usw. begreift man erst recht, wenn man weiß, wie bei solchen Gelegenheiten getrommelt wurde. In unseren Schulkompendien liest man bloß: »Ihre Exz. die Baronen und Grafen und hochdero Gemahlinnen wurden geköpft – Ihre Altessen die Herzöge und Prinzen und höchstdero Gemahlinnen wurden geköpft – Ihre Majestät der König und allerhöchstdero Gemahlin wurden geköpft –« aber wenn man den roten Guillotinenmarsch trommeln hört, so begreift man dieses erst recht, und man erfährt das Warum und das Wie. Madame, das ist ein gar wunderlicher Marsch! Er durchschauerte mir Mark und Bein, als ich ihn zuerst hörte, und ich war froh, daß ich ihn vergaß – Man vergißt so etwas, wenn man älter wird, ein junger Mann hat jetzt so viel anderes Wissen im Kopf zu behalten – Whist, Boston, genealogische Tabellen, Bundestagsbeschlüsse, Dramaturgie, Liturgie, Vorschneiden – und wirklich, trotz allem Stirnreiben konnte ich mich lange Zeit nicht mehr auf jene gewaltige Melodie besinnen. Aber denken Sie sich, Madame! unlängst sitze ich an der Tafel mit einer ganzen Menagerie von Grafen, Prinzen, Prinzessinnen, Kammerherren, Hofmarschallinnen, Hofschenken, Oberhofmeisterinnen, Hofsilberbewahrern, Hofjägermeisterinnen, und wie diese vornehmen Domestiken noch außerdem heißen mögen, und ihre Unterdomestiken liefen hinter ihren Stühlen und schoben ihnen die gefüllten Teller vors Maul – ich aber, der übergangen und übersehen wurde, saß müßig, ohne die mindeste Kinnbackenbeschäftigung, und ich knetete Brotkügelchen, und trommelte vor Langeweile mit den Fingern, und zu meinem Entsetzen trommelte ich plötzlich den roten, längstvergessenen Guillotinenmarsch.

»Und was geschah?« Madame, diese Leute lassen sich im Essen nicht stören, und wissen nicht, daß andere Leute, wenn sie nichts zu essen haben, plötzlich anfangen zu trommeln, und zwar gar kuriose Märsche, die man längst vergessen glaubte.

Ist nun das Trommeln ein angeborenes Talent, oder hab ich es frühzeitig ausgebildet, genug, es liegt mir in den Gliedern, in Händen und Füßen, und äußert sich oft unwillkürlich. Unwillkürlich. Zu Berlin saß ich einst im Kollegium des Geheimerats Schmalz, eines Mannes, der den Staat gerettet durch sein Buch über die Schwarzmäntel- und Rotmäntelgefahr – Sie erinnern sich, Madame, aus dem Pausanias, daß einst durch das Geschrei eines Esels ein ebenso gefährliches Komplott entdeckt wurde, auch wissen Sie aus dem Livius, oder aus Beckers Weltgeschichte, daß die Gänse das Kapitol gerettet, und aus dem Sallust wissen Sie ganz genau, daß durch eine geschwätzige Pütaine, die Frau Fulvia, jene fürchterliche Verschwörung des Catilina an den Tag kam – Doch um wieder auf besagten Hammel zu kommen, im Kollegium des Herrn Geheimerats Schmalz hörte ich das Völkerrecht, und es war ein langweiliger Sommernachmittag, und ich saß auf der Bank und hörte immer weniger – der Kopf war mir eingeschlafen – doch plötzlich ward ich aufgeweckt durch das Geräusch meiner eigenen Füße, die wach geblieben waren, und wahrscheinlich zugehört hatten, daß just das Gegenteil vom Völkerrecht vorgetragen und auf Konstitutionsgesinnung geschimpft wurde, und meine Füße, die mit ihren kleinen Hühneraugen das Treiben der Welt besser durchschauen, als der Geheimerat mit seinen großen Juno-Augen, diese armen, stummen Füße, unfähig, durch Worte ihre unmaßgebliche Meinung auszusprechen, wollten sich durch Trommeln verständlich machen, und trommelten so stark, daß ich dadurch schier ins Malheur kam.

Verdammte, unbesonnene Füße! sie spielten mir einen ähnlichen Streich, als ich einmal in Göttingen bei Professor Saalfeld hospitierte, und dieser mit seiner steifen Beweglichkeit auf dem Katheder hin und her sprang, und sich echauffierte, um auf den Kaiser Napoleon recht ordentlich schimpfen zu können – nein, arme Füße, ich kann es euch nicht verdenken, daß ihr damals getrommelt, ja ich würde es euch nicht mal verdacht haben, wenn ihr, in eurer stummen Naivität, euch noch fußtrittdeutlicher ausgesprochen hättet. Wie darf ich, der Schüler Le Grands, den Kaiser schmähen hören? Den Kaiser! den Kaiser! den großen Kaiser !

Denke ich an den großen Kaiser, so wird es in meinem Gedächtnisse wieder recht sommergrün und goldig, eine lange Lindenallee taucht blühend empor, auf den laubigen Zweigen sitzen singende Nachtigallen, der Wasserfall rauscht, auf runden Beeten stehen Blumen und bewegen traumhaft ihre schönen Häupter – ich stand mit ihnen im wunderlichen Verkehr, die geschminkten Tulpen grüßten mich bettelstolz herablassend, die nervenkranken Lilien nickten wehmütig zärtlich, die trunkenroten Rosen lachten mir schon von weitem entgegen, die Nachtviolen seufzten – mit den Myrten und Lorbeeren hatte ich damals noch keine Bekanntschaft, denn sie lockten nicht durch schimmernde Blüte, aber mit den Reseden, womit ich jetzt so schlecht stehe, war ich ganz besonders intim – Ich spreche vom Hofgarten zu Düsseldorf, wo ich oft auf dem Rasen lag, und andächtig zuhörte, wenn mir Monsieur Le Grand von den Kriegstaten des großen Kaisers erzählte, und dabei die Märsche schlug, die während jener Taten getrommelt wurden, so daß ich alles lebendig sah und hörte. Ich sah den Zug über den Simplon – der Kaiser voran und hinterdrein klimmend die braven Grenadiere, während aufgescheuchtes Gevögel sein Krächzen erhebt und die Gletscher in der Ferne donnern – ich sah den Kaiser, die Fahne im Arm, auf der Brücke von Lodi – ich sah den Kaiser im grauen Mantel bei Marengo – ich sah den Kaiser zu Roß in der Schlacht bei den Pyramiden – nichts als Pulverdampf und Mamelucken – ich sah den Kaiser in der Schlacht bei Austerlitz – hui! wie pfiffen die Kugeln über die glatte Eisbahn! – ich sah, ich hörte die Schlacht bei Jena – dum, dum, dum – ich sah, ich hörte die Schlacht bei Eylau, Wagram – – – nein, kaum konnt ich es aushalten! Monsieur Le Grand trommelte, daß fast mein eigenes Trommelfell dadurch zerrissen wurde.

Kapitel 8

Aber wie ward mir erst, als ich ihn selber sah, mit hochbegnadig-ten, eignen Augen, ihn selber, Hosiannah! den Kaiser.

Es war eben in der Allee des Hofgartens zu Düsseldorf. Als ich mich durch das gaffende Volk drängte, dachte ich an die Taten und Schlachten, die mir Monsieur Le Grand vorgetrommelt hatte, mein Herz schlug den Generalmarsch – und dennoch dachte ich zu glei-cher Zeit an die Polizeiverordnung, daß man bei fünf Taler Strafe nicht mitten durch die Allee reiten dürfe. Und der Kaiser mit sei-nem Gefolge ritt mitten durch die Allee, die schauernden Bäume beugten sich vorwärts, wo er vorbeikam, die Sonnenstrahlen zitter-ten furchtsam neugierig durch das grüne Laub, und am blauen Himmel oben schwamm sichtbar ein goldner Stern. Der Kaiser trug seine scheinlose grüne Uniform und das kleine, welthistorische Hütchen. Er ritt ein weißes Rößlein, und das ging so ruhig stolz, so sicher, so ausgezeichnet – – wär ich damals Kronprinz von Preußen gewesen, ich hätte dieses Rößlein beneidet. Nachlässig, fast hän-gend, saß der Kaiser, die eine Hand hielt hoch den Zaum, die ande-re klopfte gutmütig den Hals des Pferdchens – Es war eine sonnig-marmorne Hand, eine mächtige Hand, eine von den beiden Hän-den, die das vielköpfige Ungeheuer der Anarchie gebändigt und den Völkerzweikampf geordnet hatten – und sie klopfte gutmütig den Hals des Pferdes. Auch das Gesicht hatte jene Farbe, die wir bei marmornen Griechen- und Römerköpfen finden, die Züge dessel-ben waren ebenfalls edel gemessen, wie die der Antiken, und auf diesem Gesichte stand geschrieben: Du sollst keine Götter haben außer mir. Ein Lächeln, das jedes Herz erwärmte und beruhigte, schwebte um die Lippen – und doch wußte man, diese Lippen brauchten nur zu pfeifen, – et la Prusse n'existait plus – diese Lip-pen brauchten nur zu pfeifen – und die ganze Klerisei hatte ausge-klingelt – diese Lippen brauchten nur zu pfeifen – und das ganze Heilige Römische Reich tanzte. Und diese Lippen lächelten und auch das Auge lächelte – Es war ein Auge klar wie der Himmel, es konnte lesen im Herzen der Menschen, es sah rasch auf einmal alle Dinge dieser Welt, während wir anderen sie nur nacheinander und nur ihre gefärbten Schatten sehen. Die Stirne war nicht so klar, es nisteten darauf die Geister zukünftiger Schlachten, und es zuckte bisweilen über dieser Stirn, und das waren die schaffenden Gedanken, die großen Siebenmeilenstiefel-Gedanken, womit der Geist des Kaisers unsichtbar über die Welt hinschritt – und ich glaube, jeder dieser Gedanken hätte einem deutschen Schriftsteller, zeit seines Lebens vollauf Stoff zum Schreiben gegeben.

Der Kaiser ritt ruhig mitten durch die Allee, kein Polizeidiener widersetzte sich ihm, hinter ihm, stolz auf schnaubenden Rossen, und belastet mit Gold und Geschmeide, ritt sein Gefolge, die Trommeln wirbelten, die Trompeten erklangen, neben mir drehte sich der tolle Alouisius und schnarrte die Namen seiner Generale, unferne brüllte der besoffene Gumpertz, und das Volk rief tausendstimmig: Es lebe der Kaiser!

Kapitel 9

Der Kaiser ist tot. Auf einer öden Insel des indischen Meeres ist sein einsames Grab, und Er, dem die Erde zu eng war, liegt ruhig unter dem kleinen Hügel, wo fünf Trauerweiden gramvoll ihre grünen Haare herabhängen lassen und ein frommes Bächlein wehmütig klagend vorbeirieselt. Es steht keine Inschrift auf seinem Leichensteine; aber Klio, mit dem gerechten Griffel, schrieb unsichtbare Worte darauf, die wie Geistertöne durch die Jahrtausende klingen werden.

Britannia! dir gehört das Meer. Doch das Meer hat nicht Wasser genug, um von dir abzuwaschen die Schande, die der große Tote dir sterbend vermacht hat. Nicht dein windiger Sir Hudson, nein, du selbst warst der sizilianische Häscher, den die verschworenen Könige gedungen, um an dem Manne des Volkes heimlich abzurächen, was das Volk einst öffentlich an einem der Ihrigen verübt hatte – Und er war dein Gast und hatte sich gesetzt an deinen Herd

Bis in die spätesten Zeiten werden die Knaben Frankreichs singen und sagen von der schrecklichen Gastfreundschaft des Bellerophon, und wenn diese Spott- und Tränenlieder den Kanal hinüberklingen, so erröten die Wangen aller ehrsamen Briten. Einst aber wird dieses Lied hinüberklingen, und es gibt kein Britannien mehr, zu Boden geworfen ist das Volk des Stolzes, Westminsters Grabmäler liegen zertrümmert, vergessen ist der königliche Staub, den sie verschlossen – Und Sankt Helena ist das heilige Grab, wohin die Völker des Orients und Okzidents wallfahrten in buntbewimpelten Schiffen, und ihr Herz stärken durch große Erinnerung an die Taten des weltlichen Heilands, der gelitten unter Hudson Lowe, wie es geschrieben steht in den Evangelien Las Cases, O'Meara und Antommarchi.

Seltsam! die drei größten Widersacher des Kaisers hat schon ein schreckliches Schicksal getroffen: Londonderry hat sich die Kehle abgeschnitten, Ludwig XVIII. ist auf seinem Throne verfault, und Professor Saalfeld ist noch immer Professor in Göttingen.

Kapitel 10

Es war ein klarer, fröstelnder Herbsttag, als ein junger Mensch von studentischem Ansehen, durch die Allee des Düsseldorfer Hofgartens langsam wanderte, manchmal, wie aus kindischer Lust, das raschelnde Laub, das den Boden bedeckte, mit den Füßen aufwarf, manchmal aber auch wehmütig hinaufblickte nach den dürren Bäumen, woran nur noch wenige Goldblätter hingen. Wenn er so hinaufsah, dachte er an die Worte des Glaukos :

Gleich wie Blätter im Walde, so sind die Geschlechter der Menschen,

Blätter verweht zur Erde der Wind nun, andere treibt dann

Wieder der knospende Wald, wenn neu auflebet der Frühling;

So der Menschen Geschlecht, dies wächst, und jenes verschwindet.

In frühern Tagen hatte der junge Mensch mit ganz andern Gedanken an eben dieselben Bäume hinaufgesehen, und er war damals ein Knabe, und suchte Vogelnester oder Sommerkäfer, die ihn gar sehr ergötzten, wenn sie lustig dahinsummten, und sich der hübschen Welt erfreuten, und zufrieden waren mit einem saftiggrünen Blättchen, mit einem Tröpfchen Tau, mit einem warmen Sonnenstrahl, und mit dem süßen Kräuterduft. Damals war des Knaben Herz ebenso vergnügt wie die flatternden Tierchen. Jetzt aber war sein Herz älter geworden, die kleinen Sonnenstrahlen waren darin erloschen, alle Blumen waren darin abgestorben, sogar der schöne Traum der Liebe war darin verblichen, im armen Herzen war nichts als Mut und Gram, und damit ich das Schmerzlichste sage – es war mein Herz.

Denselben Tag war ich zur alten Vaterstadt zurückgekehrt, aber ich wollte nicht darin übernachten und sehnte mich nach Godesberg, um zu den Füßen meiner Freundin mich niederzusetzen – und von der kleinen Veronika zu erzählen. Ich hatte die lieben Gräber besucht. Von allen lebenden Freunden und Verwandten hatte ich nur einen Ohm und eine Muhme wiedergefunden. Fand ich auch sonst noch bekannte Gestalten auf der Straße, so kannte mich doch niemand mehr, und die Stadt selbst sah mich an mit fremden Augen, viele Häuser waren unterdessen neu angestrichen worden, aus den Fenstern guckten fremde Gesichter, um die alten Schornsteine flatterten abgelebte Spatzen, alles sah so tot und doch so frisch aus, wie Salat, der auf einem Kirchhofe wächst; wo man sonst französisch sprach, ward jetzt preußisch gesprochen, sogar ein kleines preußisches Höfchen hatte sich unterdessen dort angesiedelt, und die Leute trugen Hoftitel, die ehemalige Friseurin meiner Mutter war Hoffriseurin geworden, und es gab jetzt dort Hofschneide-, Hofschuster, Hofwanzenvertilgerinnen, Hofschnapsladen, die ganze Stadt schien ein Hoflazarett für Hofgeisteskranke. Nur der alte Kurfürst erkrankte nicht, er stand noch auf dem alten Platz; aber er schien magerer geworden zu sein. Eben weil er immer mitten auf dem Markte stand, hatte er alle Misere der Zeit mit angesehen, und von solchem Anblick wird man nicht fett. Ich war wie im Traume, und dachte an das Märchen von den verzauberten Städten, und ich eilte zum Tor hinaus, damit ich nicht zu früh erwachte. Im Hofgarten vermißte ich manchen Baum, und mancher war verkrüppelt, und die vier großen Pappeln, die mir sonst wie grüne Riesen erschienen, waren klein geworden. Einige hübsche Mädchen gingen spazieren, buntgeputzt, wie wandelnde Tulpen. Und diese Tulpen hatte ich gekannt, als sie noch kleine Zwiebelchen waren; denn ach! es waren ja Nachbarskinder, womit ich einst »Prinzessin im Turme« gespielt hatte. Aber die schönen Jungfrauen, die ich einst als blühende Rosen gekannt, sah ich jetzt als verwelkte Rosen, und in manche hohe Stirne, deren Stolz mir einst das Herz entzückte, hatte Saturn mit seiner Sense tiefe Runzeln eingeschnitten. Jetzt erst, aber ach! viel zu spät, entdeckte ich, was der Blick bedeuten sollte, den sie einst dem schon jünglinghaften Knaben zugeworfen; ich hatte unterdessen in der Fremde manche Parallelstellen in schönen Augen bemerkt. Tief bewegte mich das demütige Hutabnehmen eines Mannes, den ich einst rein und vornehm gesehen, und der seitdem zum Bettler herabgesunken war; wie man denn überall sieht, daß die Menschen, wenn sie einmal im Sinken sind wie nach dem Newtonschen Gesetze, immer entsetzlich – schneller und schneller ins Elend herabfallen. Wer mir aber gar nicht verändert schien, das war der kleine Baron, der lustig wie sonst durch den Hofgarten tänzelte, mit der einen Hand den linken Rockschoß in der Höhe haltend, mit der andern Hand sein dünnes Rohrstöckchen hin und her schwingend; es war noch immer dasselbe freundliche Gesichtchen, dessen Rosenröte sich nach der Nase hin konzentriert, es war noch immer das alte Kegelhütchen, es war noch immer das alte Zöpfchen, nur daß aus diesem jetzt einige weiße Härchen, statt der ehemaligen schwarzen Härchen hervorkamen. Aber so vergnügt er auch aussah, so wußte ich dennoch, daß der arme Baron unterdessen viel Kummer ausgestanden hatte, sein Gesichtchen wollte es mir verbergen, aber die weißen Härchen seines Zöpfchens haben es mir hinter seinem Rücken verraten. Und das Zöpfchen selber hätte es gerne wieder abgeleugnet und wackelte gar wehmütig lustig.

Ich war nicht müde, aber ich bekam doch Lust, mich noch einmal auf die hölzerne Bank zu setzen, in die ich einst den Namen meines Mädchens eingeschnitten. Ich konnte ihn kaum wiederfinden, es waren so viele neue Namen darüber hingeschnitzelt. Ach! einst war ich auf dieser Bank eingeschlafen und träumte von Glück und Liebe. »Träume sind Schäume.« Auch die alten Kinderspiele kamen mir wieder in den Sinn, auch die alten, hübschen Märchen; aber ein neues falsches Spiel und ein neues, häßliches Märchen klang immer hindurch, und es war die Geschichte von zwei armen Seelen, die einander untreu wurden, und es nachher in der Treulosigkeit so weit brachten, daß sie sogar dem lieben Gotte die Treue brachen. Es ist eine böse Geschichte, und wenn man just nichts Besseres zu tun weiß, kann man darüber weinen. O Gott! einst war die Welt so hübsch, und die Vögel sangen dein ewiges Lob, und die kleine Veronika sah mich an mit stillen Augen, und wir saßen vor der marmornen Statue auf dem Schloßplatz – auf der einen Seite liegt das alte, verwüstete Schloß, worin es spukt und nachts eine schwarzseidene Dame ohne Kopf, mit langer, rauschender Schleppe her umwandelt; auf der andern Seite ist ein hohes, weißes Gebäude, in dessen oberen Gemächern die bunten Gemälde mit goldnen Rahmen wunderbar glänzten, und in dessen Untergeschosse so viele tausend mächtige Bücher standen, die ich und die kleine Veronika oft mit Neugier betrachteten, wenn uns die fromme Ursula an die großen Fenster hinanhob – Späterhin, als ich ein großer Knabe geworden, erkletterte ich dort täglich die höchsten Leitersprossen, und holte die höchsten Bücher herab, und las darin so lange, bis ich mich vor nichts mehr, am wenigsten vor Damen ohne Kopf, fürchtete, und ich wurde so gescheut, daß ich alle alte Spiele und Märchen und Bilder und die kleine Veronika und sogar ihren Namen vergaß.

Während ich aber, auf der alten Bank des Hofgartens sitzend, in die Vergangenheit zurückträumte, hörte ich hinter mir verworrene Menschenstimmen, welche das Schicksal der armen Franzosen beklagten, die, im russischen Kriege als Gefangene nach Sibirien geschleppt, dort mehre lange Jahre, obgleich schon Frieden war, zurückgehalten worden und jetzt erst heimkehrten. Als ich aufsah, erblickte ich wirklich diese Waisenkinder des Ruhmes; durch die Risse ihrer zerlumpten Uniformen lauschte das nackte Elend, in ihren verwitterten Gesichtern lagen tiefe, klagende Augen, und obgleich verstümmelt, ermattet und meistens hinkend, blieben sie doch noch immer in einer Art militärischen Schrittes, und seltsam genug! ein Tambour mit einer Trommel schwankte voran; und mit innerem Grauen ergriff mich die Erinnerung an die Sage von den Soldaten, die des Tags in der Schlacht gefallen und des Nachts wieder vom Schlachtfelde aufstehen und mit dem Tambour an der Spitze nach ihrer Vaterstadt marschieren, und wovon das alte Volkslied singt:

»Er schlug die Trommel auf und nieder,

Sie sind vorm Nachtquartier schon wieder,

Ins Gäßlein hell hinaus,

Trallerie, Trallerei, Trallera,

Sie ziehn vor Schätzels Haus.

Da stehen morgens die Gebeine

In Reih und Glied, wie Leichensteine.

Die Trommel geht voran,

Trallerie, Trallerei, Trallera,

Daß sie ihn sehen kann.«

Wahrlich, der arme französische Tambour schien halb verwest aus dem Grabe gestiegen zu sein, es war nur ein kleiner Schatten in einer schmutzig zerfetzten grauen Capotte, ein verstorben gelbes Gesicht, mit einem großen Schnurrbarte, der wehmütig herabhing über die verblichenen Lippen, die Augen waren wie verbrannter Zunder, worin nur noch wenige Fünkchen glimmen, und dennoch, an einem einzigen dieser Fünkchen, erkannte ich Monsieur Le Grand.

Er erkannte auch mich und zog mich nieder auf den Rasen, und da saßen wir wieder wie sonst, als er mir auf der Trommel die französische Sprache und die neuere Geschichte dozierte. Es war noch immer die wohlbekannte, alte Trommel, und ich konnte mich nicht genug wundern, wie er sie vor russischer Habsucht geschützt hatte. Er trommelte jetzt wieder wie sonst, jedoch ohne dabei zu sprechen. Waren aber die Lippen unheimlich zusammengekniffen, so sprachen desto mehr seine Augen, die sieghaft aufleuchteten, indem er die alten Märsche trommelte. Die Pappeln neben uns erzitterten, als er wieder den roten Guillotinenmarsch erdröhnen ließ. Auch die alten Freiheitskämpfe, die alten Schlachten, die Taten des Kaisers, trommelte er wie sonst, und es schien, als sei die Trommel selber ein lebendiges Wesen, das sich freute, seine innere Lust aussprechen zu können. Ich hörte wieder den Kanonendonner, das Pfeifen der Kugeln, den Lärm der Schlacht, ich sah wieder den Todesmut der Garde, ich sah wieder die flatternden Fahnen, ich sah wieder den Kaiser zu Roß – aber allmählich schlich sich ein trüber Ton in jene freudigsten Wirbel, aus der Trommel drangen Laute, worin das wildeste Jauchzen und das entsetzlichste Trauern unheimlich gemischt waren, es schien ein Siegesmarsch und zugleich ein Totenmarsch, die Augen Le Grands öffneten sich geisterhaft weit, und ich sah darin nichts als ein weites, weißes Eisfeld bedeckt mit Leichen – es war die Schlacht bei der Moskwa.

Ich hätte nie gedacht, daß die alte, harte Trommel so schmerzliche Laute von sich geben könnte, wie jetzt Monsieur Le Grand daraus hervorzulocken wußte. Es waren getrommelte Tränen, und sie tönten immer leiser, und wie ein trübes Echo brachen tiefe Seufzer aus der Brust Le Grands. Und dieser wurde immer matter und gespenstischer, seine dürren Hände zitterten vor Frost, er saß wie im Traume, und bewegte mit seinen Trommelstöcken nur die Luft, und horchte wie auf ferne Stimmen, und endlich schaute er mich an, mit einem tiefen, abgrundtiefen, flehenden Blick – ich verstand ihn – und dann sank sein Haupt herab auf die Trommel.

Monsieur Le Grand hat in diesem Leben nie mehr getrommelt. Auch seine Trommel hat nie mehr einen Ton von sich gegeben, sie sollte keinem Feinde der Freiheit zu einem servilen Zapfenstreich dienen, ich hatte den letzten, flehenden Blick Le Grands sehr gut verstanden, und zog sogleich den Degen aus meinem Stock und zerstach die Trommel.

Kapitel 11

Du sublime au ridicule il n'y á qu'un pas, Madame!

Aber das Leben ist im Grunde so fatal ernsthaft, daß es nicht zu ertragen wäre ohne solche Verbindung des Pathetischen mit dem Komischen. Das wissen unsere Poeten. Die grauenhaftesten Bilder des menschlichen Wahnsinns zeigt uns Aristophanes nur im lachenden Spiegel des Witzes, den großen Denkerschmerz, der seine eigne Nichtigkeit begreift, wagt Goethe nur in den Knittelversen eines Puppenspiels auszusprechen, und die tödlichste Klage über den Jammer der Welt legt Shakespeare in den Mund eines Narren, während er dessen Schellenkappe ängstlich schüttelt.

Sie habens alle dem großen Urpoeten abgesehen, der in seiner tausendaktigen Welttragödie den Humor aufs höchste zu treiben weiß, wie wir es täglich sehen: – nach dem Abgang der Helden kommen die Clowns und Graziosos mit ihren Narrenkolben und Pritschen, nach den blutigen Revolutionsszenen und Kaiseraktionen kommen wieder herangewatschelt die dicken Bourbonen mit ihren alten abgestandenen Späßchen und zartlegitimen Bonmots, und graziöse hüpft herbei die alte Noblesse mit ihrem verhungerten Lächeln, und hintendrein wallen die frommen Kapuzen mit Lichtern, Kreuzen und Kirchenfahnen; – sogar in das höchste Pathos der Welttragödie pflegen sich komische Züge einzuschleichen, der verzweifelnde Republikaner, der sich wie ein Brutus das Messer ins Herz stieß, hat vielleicht zuvor daran gerochen, ob auch kein Hering damit geschnitten worden, und auf dieser großen Weltbühne geht es auch außerdem ganz wie auf unseren Lumpenbrettern, auch auf ihr gibt es besoffene Helden, Könige, die ihre Rolle vergessen, Kulissen, die hängengeblieben, hervorschallende Souffleurstimmen, Tänzerinnen, die mit ihrer Lendenpoesie Effekt machen, Costümes, die als Hauptsache glänzen – Und im Himmel oben, im ersten Range, sitzen unterdessen die lieben Engelein, und lorgnieren uns Komödianten hier unten, und der liebe Gott sitzt ernsthaft in seiner großen Loge, und langweilt sich vielleicht, oder rechnet nach, daß dieses Theater sich nicht lange mehr halten kann, weil der eine zuviel Gage und der andre zuwenig bekommt, und alle viel zu schlecht spielen.

Du sublime au ridicule il n'y á qu'un pas, Madame! Während ich das Ende des vorigen Kapitels schrieb, und Ihnen erzählte, wie Monsieur Le Grand starb, und wie ich das testamentum militare, das in seinem letzten Blicke lag, gewissenhaft exekutierte, da klopfte es an meine Stubentüre, und herein trat eine arme, alte Frau, die mich freundlich frug: Ob ich ein Doktor sei? Und als ich dies bejahte, bat sie mich recht freundlich mit ihr nach Hause zu gehen, um dort ihrem Manne die Hühneraugen zu schneiden.

Kapitel 12

Die deutschen Zensoren -
- -
- -
- -
- -
- -
Dummköpfe -
- -

Kapitel 13

Madame! unter Ledas brütenden Hemisphären lag schon der ganze Trojanische Krieg, und Sie können die berühmten Tränen des Priamos nimmermehr verstehen, wenn ich Ihnen nicht erst von den alten Schwaneneiern erzähle. Deshalb beklagen Sie sich nicht über meine Abschweifungen. In allen vorhergehenden Kapiteln ist keine Zeile, die nicht zur Sache gehörte, ich schreibe gedrängt, ich vermeide alles Überflüssige, ich übergehe sogar oft das Notwendige, z. B. ich habe noch nicht einmal ordentlich zitiert – ich meine nicht Geister, sondern im Gegenteil, ich meine Schriftsteller – und doch ist das Zitieren alter und neuer Bücher das Hauptvergnügen eines jungen Autors, und so ein paar grundgelehrte Zitate zieren den ganzen Menschen. Glauben Sie nur nicht, Madame, es fehle mir an Bekanntschaft mit Büchertiteln. Außerdem kenne ich den Kunstgriff großer Geister, die es verstehen, die Korinthen aus den Semmeln und die Zitate aus den Kollegienheften herauszupicken; ich weiß auch, woher Bartels den Most holt. Im Notfall könnte ich bei meinen gelehrten Freunden eine Anleihe von Zitaten machen. Mein Freund G. in Berlin ist sozusagen ein kleiner Rothschild an Zitaten, und leiht mir gern einige Millionen, und hat er sie nicht selbst vorrätig, so kann er sie leicht bei einigen andern kosmopolitischen Geistesbankiers zusammenbringen – Doch, ich brauche jetzt noch keine Anleihe zu machen, ich bin ein Mann, der sich gut steht, ich habe jährlich meine 10000 Zitate zu verzehren, ja, ich habe sogar die Erfindung gemacht, wie man falsche Zitate für echte ausgeben kann. Sollte irgendein großer, reicher Gelehrter, z. B. Michael Beer, mir dieses Geheimnis abkaufen wollen, so will ich es gerne für 19 000 Taler Kurant abstehen; auch ließe ich mich handeln. Eine andere Erfindung will ich zum Heile der Literatur nicht verschweigen und will sie gratis mitteilen : Ich halte es nämlich für ratsam, alle obskuren Autoren mit ihrer Hausnummer zu zitieren.

Diese »guten Leute und schlechten Musikanten« – so wird im Ponce de Leon das Orchester angeredet – diese obskuren Autoren besitzen doch immer selbst noch ein Exemplärchen ihres längstverschollenen Büchleins, und um dieses aufzutreiben, muß man also ihre Hausnummer wissen. Wollte ich z. B. »Spittas Sangbüchlein für

Handwerksburschen« zitieren – meine liebe Madame, wo wollten Sie dieses finden? Zitiere ich aber:

»vid. Sangbüchlein für Handwerksburschen, von P. Spitta;

Lüneburg, auf der Lünerstraße Nr. 2, rechts um die Ecke«

so können Sie, Madame, wenn Sie es der Mühe wert halten, das Büchlein auftreiben. Es ist aber nicht der Mühe wert. Übrigens, Madame, haben Sie gar keine Idee davon, mit welcher Leichtigkeit ich zitieren kann. Überall finde ich Gelegenheit, meine tiefe Gelahrtheit anzubringen. Spreche ich z. B. vom Essen, so bemerke ich in einer Note, daß die Römer, Griechen und Hebräer ebenfalls gegessen haben, ich zitiere all die köstlichen Gerichte, die von der Köchin des Lucullus bereitet worden – weh mir! daß ich anderthalb Jahrtausend zu spät geboren bin! – ich bemerke auch, daß die gemeinschaftlichen Mahle bei den Griechen so und so hießen, und daß die Spartaner schlechte schwarze Suppen gegessen – Es ist doch gut, daß ich damals noch nicht lebte, ich kann mir nichts Entsetzlicheres denken, als wenn ich armer Mensch ein Spartaner geworden wäre, Suppe ist mein Lieblingsgericht – Madame, ich denke nächstens nach London zu reisen, wenn es aber wirklich wahr ist, daß man dort keine Suppe bekommt, so treibt mich die Sehnsucht bald wieder zurück nach den Suppenfleischtöpfen des Vaterlandes. Über das Essen der alten Hebräer könnt ich weitläufig mich aussprechen und bis auf die jüdische Küche der neuesten Zeit herabgehen – Ich zitiere bei dieser Gelegenheit den ganzen Steinweg – Ich könnte auch anführen, wie human sich viele Berliner Gelehrte über das Essen der Juden geäußert, ich käme dann auf die anderen Vorzüglichkeiten und Vortrefflichkeiten der Juden, auf die Erfindungen, die man ihnen verdankt, z. B. die Wechsel, das Christentum – aber halt! letzteres wollen wir ihnen nicht allzuhoch anrechnen, da wir eigentlich noch wenig Gebrauch davon gemacht haben – ich glaube, die Juden selbst haben dabei weniger ihre Rechnung gefunden als bei der Erfindung der Wechsel. Bei Gelegenheit der Juden könnte ich auch Tacitus zitieren – er sagt, sie verehrten Esel in ihren Tempeln – und bei Gelegenheit der Esel, welch ein weites Zitatenfeld eröffnet sich mir! Wieviel Merkwürdiges läßt sich anführen über antike Esel, im Gegensatz zu den modernen. Wie vernünftig waren jene und ach! wie stupide sind diese. Wie verständig spricht z. B. Bileams Esel,

vid. Pentat. Lib. – – – –

Madame, ich habe just das Buch nicht bei der Hand und will diese Stelle zum Ausfüllen offenlassen. Dagegen in Hinsicht der Abgeschmacktheit neuerer Esel zitiere ich :

vid. – – – –

– – – –

– – – –

nein, ich will auch diese Stelle offenlassen, sonst werde ich ebenfalls zitiert, nämlich injuriarum. Die neueren Esel sind große Esel. Die alten Esel, die so hoch in der Kultur standen,

vid. Gesneri: De antiqua honestate asinorum.

(In comment. Götting., T. II., p. 32.)

sie würden sich im Grabe umdrehen, wenn sie hörten, wie man von ihren Nachkommen spricht. Einst war »Esel« ein Ehrenname – bedeutete so viel wie jetzt »Hofrat«, »Baron«, »Doctor Philosophiae« – Jakob vergleicht damit seinen Sohn Isaschar, Homer vergleicht damit seinen Helden Ajax, und jetzt vergleicht man damit den Herrn v. . . . .! Madame, bei Gelegenheit solcher Esel könnte ich mich tief in die Literaturgeschichte versenken, ich könnte alle große Männer zitieren, die verliebt gewesen sind, z. B. den Abelardum, Picum Mirandulanum, Borbonium, Curtesium, Angelum Politianum, Raymundum Lullum und Henricum Heineum. Bei Gelegenheit der Liebe könnte ich wieder alle große Männer zitieren, die keinen Tabak geraucht haben, z. B. Cicero, Justinian, Goethe, Hugo, Ich – zufällig sind wir alle fünf auch so halb und halb Juristen. Mabillon konnte nicht einmal den Rauch einer fremden Pfeife vertragen, in seinem »Itinere germanico« klagt er, in Hinsicht der deutschen Wirtshäuser, »quod molestus ipsi fuerit tabaci grave olentis foetor«. Dagegen wird andern großen Männern eine Vorliebe für den Tabak zugeschrieben. Raphael Thorus hat einen Hymnus auf den Tabak gedichtet – Madame, Sie wissen vielleicht noch nicht, daß ihn Isaak Elseverius Anno 1628 zu Leiden in Quart herausgegeben hat – und Ludovicus Kinschot hat eine Vorrede in Versen dazu geschrieben. Grävius hat sogar ein Sonett auf den Tabak gemacht. Auch der große Boxhornius liebte den Tabak. Bayle, in seinem »Dict. hist. et critiq.«, meldet von ihm, er habe sich sagen lassen, daß der große Boxhornius beim Rauchen einen großen Hut mit einem Loch im Vorderrand getragen, in welches er oft die Pfeife gesteckt, damit sie ihn in seinen Studien nicht hindere – Apropos, bei Erwähnung des großen Boxhornius könnte ich auch all die großen Gelehrten zitieren, die sich ins Boxhorn jagen ließen und davonliefen. Ich verweise aber bloß auf Joh. Georg Martius: De fuga literatorum etc. etc. etc. Wenn wir die Geschichte durchgehen, Madame, so haben alle große Männer einmal in ihrem Leben davonlaufen müssen: – Loth, Tarquinius, Moses, Jupiter, Frau von Stael, Nebukadnezar, Benjowsky, Mahomet, die ganze preußische Armee, Gregor VII., Rabbi Jizchak Abarbanel, Rousseau – ich könnte noch sehr viele Namen anführen, z. B. die, welche an der Börse auf dem schwarzen Brette verzeichnet sind.

Sie sehen, Madame, es fehlt mir nicht an Gründlichkeit und Tiefe. Nur mit der Systematik will es noch nicht so recht gehen. Als ein echter Deutscher hätte ich dieses Buch mit einer Erklärung seines Titels eröffnen müssen, wie es im Heiligen Römischen Reiche Brauch und Herkommen ist. Phidias hat zwar zu seinem Jupiter keine Vorrede gemacht, ebensowenig wie auf der Mediceischen Venus – ich habe sie von allen Seiten betrachtet – irgendein Zitat gefunden wird; – aber die alten Griechen waren Griechen, unsereiner ist ein ehrlicher Deutscher, kann die deutsche Natur nicht ganz verleugnen, und ich muß mich daher noch nachträglich über den Titel meines Buches aussprechen.

Madame, ich spreche demnach :

Von den Ideen.

Von den Ideen im allgemeinen.

Von vernünftigen Ideen.

Von unvernünftigen Ideen.

a. Von den gewöhnlichen Ideen.

b. Von den Ideen, die mit grünem Leder überzogen sind.

Diese werden wieder eingeteilt in – doch das wird sich alles schon finden.

Kapitel 14

Madame, haben Sie überhaupt eine Idee von einer Idee? Was ist eine Idee? »Es liegen einige gute Ideen in diesem Rock«, sagte mein Schneider, indem er mit ernster Anerkennung den Oberrock betrachtete, der sich noch aus meinen berlinisch eleganten Tagen herschreibt, und woraus jetzt ein ehrsamer Schlafrock gemacht werden sollte. Meine Wäscherin klagt: »der Pastor S. habe ihrer Tochter Ideen in den Kopf gesetzt, und sie sei dadurch unklug geworden und wolle keine Vernunft mehr annehmen.« Der Kutscher Pattensen brummt bei jeder Gelegenheit: »Das ist eine Idee! das ist eine Idee!« Gestern aber wurde er ordentlich verdrießlich, als ich ihn frug: was er sich unter einer Idee vorstelle? Und verdrießlich brummte er: »Nu, nu, eine Idee ist eine Idee! eine Idee ist alles dumme Zeug, was man sich einbildet.« In gleicher Bedeutung wird dieses Wort, als Buchtitel, von dem Hofrat Heeren in Göttingen gebraucht.

Der Kutscher Pattensen ist ein Mann, der auf der weiten Lüneburger Heide, in Nacht und Nebel, den Weg zu finden weiß; der Hofrat Heeren ist ein Mann, der ebenfalls mit klugem Instinkt die alten Karawanenwege des Morgenlandes auffindet, und dort schon, seit Jahr und Tag, so sicher und geduldig einherwandelt, wie jemals ein Kamel des Altertums; auf solche Leute kann man sich verlassen, solchen Leuten darf man getrost nachfolgen, und darum habe ich dieses Buch »Ideen« betitelt.

Der Titel des Buches bedeutet daher ebensowenig als der Titel des Verfassers, er ward von demselben nicht aus gelehrtem Hochmut gewählt, und darf ihm für nichts weniger als Eitelkeit ausgedeutet werden. Nehmen Sie die wehmütigste Versicherung, Madame, ich bin nicht eitel. Es bedarf dieser Bemerkung, wie Sie mitunter merken werden. Ich bin nicht eitel – Und wüchse ein Wald von Lorbeeren auf meinem Haupte, und ergösse sich ein Meer von Weihrauch in mein junges Herz – ich würde doch nicht eitel werden. Meine Freunde und übrigen Raum- und Zeitgenossen haben treulich dafür gesorgt – Sie wissen Madame, daß alte Weiber ihre Pflegekinder ein bißchen anspucken, wenn man die Schönheit derselben lobt, damit das Lob den lieben Kleinen nicht schade – Sie wissen, Madame, wenn zu Rom der Triumphator, ruhmbekränzt und purpurgeschmückt, auf seinem goldnen Wagen mit weißen Rossen, vom Campo Martii einherfuhr, wie ein Gott hervorragend aus dem feierlichen Zuge der Liktoren, Musikanten, Tänzer, Priester, Sklaven, Elefanten, Trophäenträger, Konsuln, Senatoren, Soldaten: dann sang der Pöbel hintendrein allerlei Spottlieder – Und Sie wissen, Madame, daß es im lieben Deutschland viel alte Weiber und Pöbel gibt.

Wie gesagt, Madame, die Ideen, von denen hier die Rede ist, sind von den platonischen ebensoweit entfernt wie Athen von Göttingen, und Sie dürfen von dem Buche selbst ebensowenig große Erwartungen hegen, als von dem Verfasser selbst. Wahrlich, wie dieser überhaupt jemals dergleichen Erwartungen erregen konnte, ist mir ebenso unbegreiflich als meinen Freunden. Gräfin Julie will die Sache erklären, und versichert: wenn der besagte Verfasser zuweilen etwas wirklich Geistreiches und Neugedachtes ausspreche, so sei dies bloß Verstellung von ihm, und im Grunde sei er ebenso dumm wie die übrigen. Das ist falsch, ich verstelle mich gar nicht, ich spreche wie mir der Schnabel gewachsen, ich schreibe in aller Unschuld und Einfalt, was mir in den Sinn kommt, und ich bin nicht daran schuld, wenn das etwas Gescheutes ist. Aber ich habe nun mal im Schreiben mehr Glück als in der Altonaer Lotterie – ich wollte, der Fall wäre umgekehrt – und da kommt aus meiner Feder mancher Herztreffer, manche Gedankenquaterne, und das tut Gott; – denn ER, der den frömmsten Elohasängern und Erbauungspoeten alle schöne Gedanken und allen Ruhm in der Literatur versagt, damit sie nicht von ihren irdischen Mitkreaturen zu sehr gelobt werden und dadurch des Himmels vergessen, wo ihnen schon von den Engeln das Quartier zurechtgemacht wird : – ER pflegt uns andre, profane, sündhafte, ketzerische Schriftsteller, für die der Himmel doch so gut wie vernagelt ist, desto mehr mit vorzüglichen Gedanken und Menschenruhm zu segnen, und zwar aus göttlicher Gnade und Barmherzigkeit, damit die arme Seele, die doch nun einmal erschaffen ist, nicht ganz leer ausgehe und wenigstens hienieden auf Erden einen Teil jener Wonne empfinde, die ihr dort oben versagt ist.

vid. Goethe und die Traktätchenverfasser.

Sie sehen also, Madame, Sie dürfen meine Schriften lesen, diese zeugen von der Gnade und Barmherzigkeit Gottes, ich schreibe im blinden Vertrauen auf dessen Allmacht, ich bin in dieser Hinsicht ein echt christlicher Schriftsteller, und, um mit Gubitz zu reden, während ich eben diese gegenwärtige Periode anfange, weiß ich noch nicht, wie ich sie schließe, und was ich eigentlich sagen soll, und ich verlasse mich dafür auf den lieben Gott. Und wie könnte ich auch schreiben ohne diese fromme Zuversicht, in meinem Zimmer steht jetzt der Bursche aus der Langhoffschen Druckerei und wartet auf Manuskript, das kaumgeborene Wort wandert warm und naß in die Presse, und was ich in diesem Augenblick denke und fühle, kann morgen mittag schon Makulatur sein.

Sie haben leicht reden, Madame, wenn Sie mich an das Horazische »nonum prematur in annum« erinnern. Diese Regel mag, wie manche andere der Art, sehr gut in der Theorie gelten, aber in der Praxis taugt sie nichts. Als Horaz dem Autor die berühmte Regel gab, sein Werk neun Jahre im Pult liegenzulassen, hätte er ihm auch zu gleicher Zeit das Rezept geben sollen, wie man neun Jahre ohne Essen zubringen kann. Als Horaz diese Regel ersann, saß er vielleicht an der Tafel des Mäcenas und aß Truthähne mit Trüffeln, Fasanenpudding in Wildpretsauce, Lerchenrippchen mit Teltower Rübchen, Pfauenzungen, indianische Vogelnester, und Gott weiß! was noch mehr, und alles umsonst. Aber wir, wir unglücklichen Spätgebornen, wir leben in einer andern Zeit, unsere Mäzenaten haben ganz andere Prinzipien, sie glauben, Autoren und Mispeln gedeihen am besten, wenn sie einige Zeit auf dem Stroh liegen, sie glauben, die Hunde taugten nicht auf der Bilder- und Gedankenjagd, wenn sie zu dick gefüttert würden, ach! und wenn sie ja mal einen armen Hund füttern, so ist es der unrechte, der die Brocken am wenigsten verdient, z. B. der Dachs, der die Hand leckt, oder der winzige Bologneser, der sich in den duftigen Schoß der Hausdame zu schmiegen weiß, oder der geduldige Pudel, der eine Brotwissenschaft gelernt und apportieren, tanzen und trommeln kann – Während ich dieses schreibe, steht hinter mir mein kleiner Mops und bellt – Schweig nur, Ami, dich hab ich nicht gemeint, denn du liebst mich und begleitest deinen Herrn in Not und Gefahr und würdest sterben auf seinem Grabe, ebenso treu wie mancher andere deutsche Hund, der in die Fremde verstoßen, vor den Toren Deutschlands liegt und hungert und wimmert – Entschuldigen Sie, Madame, daß ich eben abschweifte, um meinem armen Hunde eine Ehrenerklärung zu geben, ich komme wieder auf die Horazische Regel und ihre Unanwendbarkeit im neunzehnten Jahrhundert, wo die Poeten das Schürzenstipendium der Muse nicht entbehren können – Ma foi, Madame! ich könnte es keine 24 Stunden, viel weniger neun Jahre aushalten, mein Magen hat wenig Sinn für Unsterblichkeit, ich hab mirs überlegt, ich will nur halb unsterblich und ganz satt werden, und wenn Voltaire dreihundert Jahre seines ewigen Nachruhms für eine gute Verdauung des Essens hingeben möchte, so biete ich das Doppelte für das Essen selbst. Ach! und was für schönes, blühendes Essen gibt es auf dieser Welt! Der Philosoph Pangloß hat recht; es ist die beste Welt! Aber man muß Geld in dieser besten Welt haben, Geld in der Tasche und nicht Manuskripte im Pult. Der Wirt im »König von England«, Herr Marr, ist selbst Schriftsteller und kennt auch die Horazische Regel, aber ich glaube nicht, daß er mir, wenn ich sie ausüben wollte, neun Jahr zu essen gäbe.

Im Grunde, warum sollte ich sie auch ausüben? Ich habe des Guten so viel zu schreiben, daß ich nicht lange Federlesens zu machen brauche. Solange mein Herz voll Liebe und der Kopf meiner Nebenmenschen voll Narrheit ist, wird es mir nie an Stoff zum Schreiben fehlen. Und mein Herz wird immer lieben, solange es Frauen gibt, erkaltet es für die eine, so erglüht es gleich für die andere; wie in Frankreich der König nie stirbt, so stirbt auch nie die Königin in meinem Herzen, und da heißt es: la reine est morte, vive la reine! Auf gleiche Weise wird auch die Narrheit meiner Nebenmenschen nie aussterben. Denn es gibt nur eine einzige Klugheit und diese hat ihre bestimmten Grenzen; aber es gibt tausend unermeßliche Narrheiten. Der gelehrte Kasuist und Seelsorger Schupp sagt sogar: »In der Welt sind mehr Narren als Menschen –«

vid. Schuppii lehrreiche Schriften, S.1121.

Bedenkt man, daß der große Schuppius in Hamburg gewohnt hat, so findet man diese statistische Angabe gar nicht übertrieben. Ich befinde mich an demselben Orte, und kann sagen, daß mir ordentlich wohl wird, wenn ich bedenke, all diese Narren, die ich hier sehe, kann ich in meinen Schriften gebrauchen, sie sind bares Honorar, bares Geld. Ich befinde mich jetzt so recht in der Wolle. Der

Herr hat mich gesegnet, die Narren sind dieses Jahr ganz besonders gut geraten, und als guter Wirt konsumiere ich nur wenige, suche mir die ergiebigsten heraus und bewahre sie für die Zukunft. Man sieht mich oft auf der Promenade und sieht mich lustig und fröhlich. Wie ein reicher Kaufmann, der händereibendvergnügt zwischen den Kisten, Fässern und Ballen seines Warenlagers umherwandelt, so wandle ich dann unter meinen Leuten. Ihr seid alle die Meinigen! Ihr seid mir alle gleich teuer, und ich liebe euch, wie ihr selbst euer Geld liebt, und das will viel sagen. Ich mußte herzlich lachen, als ich jüngst hörte: einer meiner Leute habe sich besorglich geäußert, er wisse nicht, wovon ich einst leben würde – und dennoch ist er selbst ein so kapitaler Narr, daß ich von ihm allein schon leben könnte, wie von einem Kapitale. Mancher Narr ist mir aber nicht bloß bares Geld, sondern ich habe das bare Geld, das ich aus ihm erschreiben kann, schon zu irgendeinem Zwecke bestimmt. So z. B. für einen gewissen, wohlgepolsterten, dicken Millionarrn werde ich mir einen gewissen, wohlgepolsterten Stuhl anschaffen, den die Französinnen chaise percée nennen. Für seine dicke Millionärrin kaufe ich mir ein Pferd. Sehe ich nun den Dicken – ein Kamel kommt eher ins Himmelreich, als daß dieser Mann durch ein Nadelöhr geht – sehe ich nun diesen auf der Promenade heranwatscheln, so wird mir wunderlich zumute; obschon ich ihm ganz unbekannt bin, so grüße ich ihn unwillkürlich, und er grüßt wieder so herzlich, so einladend, daß ich auf der Stelle von seiner Güte Gebrauch machen möchte, und doch in Verlegenheit komme wegen der vielen geputzten Menschen, die just vorbeigehn. Seine Frau Gemahlin ist gar keine üble Frau – sie hat zwar nur ein einziges Auge, aber es ist dafür desto grüner, ihre Nase ist wie der Turm, der gen Damaskus schaut, ihr Busen ist groß wie das Meer, und es flattern darauf allerlei Bänder, wie Flaggen der Schiffe, die in diesen Meerbusen eingelaufen – man wird seekrank schon durch den bloßen Anblick – ihr Nacken ist gar hübsch und fettgewölbt wie ein – das vergleichende Bild befindet sich etwas tiefer unten – und an der veilchenblauen Gardine, die dieses vergleichende Bild bedeckt, haben gewiß tausend und abermals tausend Seidenwürmchen ihr ganzes Leben versponnen. Sie sehen, Madame, welch ein Roß ich mir anschaffe! Begegnet mir die Frau auf der Promenade, so geht mir ordentlich das Herz auf, es ist mir, als könnt ich mich schon aufschwingen, ich schwippe mit der Jerte, ich schnappe mit den

Fingern, ich schnalze mit der Zunge, ich mache mit den Beinen allerlei Reuterbewegungen – hopp! hopp! – burr! burr! – und die liebe Frau sieht mich an so seelenvoll, so verständnisinnig, sie wiehert mit dem Auge sie sperrt die Nüstern, sie kokettiert mit der Kruppe, sie kurbettiert, setzt sich plötzlich in einen kurzen Hundetrapp – Und ich stehe dann mit gekreuzten Armen, und schaue ihr wohlgefällig nach und überlege, ob ich sie auf der Stange reiten soll oder auf der Trense, ob ich ihr einen englischen oder einen polnischen Sattel geben soll – usw. – Leute, die mich alsdann stehen sehen, begreifen nicht, was mich bei der Frau so sehr anzieht. Zwischentragende Zungen wollten schon ihren Herrn Gemahl in Unruhe setzen und gaben Winke, als ob ich seine Ehehälfte mit den Augen eines Roué betrachte. Aber meine ehrliche, weichlederne chaise percée soll geantwortet haben: er halte mich für einen unschuldigen, sogar etwas schüchternen, jungen Menschen, der ihn mit einer gewissen Genauigkeit ansähe, wie einer, der das Bedürfnis fühlt, sich näher anzuschließen, und doch von einer errötenden Blödigkeit zurückgehalten wird. Mein edles Roß meinte hingegen: ich hätte ein freies, unbefangenes, chevalereskes Wesen, und meine zuvorgrüßende Höflichkeit bedeute bloß den Wunsch, einmal von ihnen zu einem Mittagsessen eingeladen zu werden.

Sie sehen, Madame, ich kann alle Menschen gebrauchen, und der Adreßkalender ist eigentlich mein Hausinventarium. Ich kann daher auch nie bankerott werden, denn meine Gläubiger selbst würde ich in Erwerbsquellen verwandeln. Außerdem, wie gesagt, lebe ich wirklich sehr ökonomisch, verdammt ökonomisch. Z. B. während ich dieses schreibe, sitze ich in einer dunkeln, betrübten Stube auf der Düsterstraße – aber, ich ertrage es gern, ich könnte ja, wenn ich nur wollte, im schönsten Garten sitzen, ebensogut wie meine Freunde und Lieben; ich brauchte nur meine Schnapsklienten zu realisieren. Diese letzteren, Madame, bestehen aus verdorbenen Friseuren, heruntergekommenen Kupplern, Speisewirten, die selbst nichts mehr zu essen haben, lauter Lumpen, die meine Wohnung zu finden wissen, und für ein wirkliches Trinkgeld mir die Chronique scandaleuse ihres Stadtviertels erzählen – Madame, Sie wundern sich, daß ich solches Volk nicht ein für allemal zur Tür hinauswerfe? – Wo denken Sie hin, Madame! Diese Leute sind meine Blumen. Ich beschreibe sie einst in einem schönen Buche, für dessen Honorar ich mir einen Garten kaufe, und mit ihren roten, gelben, blauen und bunt gesprenkelten Gesichtern erscheinen sie mir jetzt schon wie Blumen dieses Gartens. Was kümmert es mich, daß fremde Nasen behaupten, diese Blumen röchen nur nach Kümmel, Tabak, Käse und Laster! meine eigne Nase, der Schornstein meines Kopfes, worin die Phantasie als Kaminfeger auf und ab steigt, behauptet das Gegenteil, sie riecht an jenen Leuten nichts als den Duft von Rosen, Jasminen, Veilchen, Nelken, Violen – Oh, wie behaglich werde ich einst des Morgens in meinem Garten sitzen, und den Gesang der Vögel behorchen, und die Glieder wärmen an der lieben Sonne, und einatmen den frischen Hauch des Grünen, und durch den Anblick der Blumen mich erinnern an die alten Lumpen!

Vorderhand sitze ich aber noch auf der dunkeln Düsterstraße in meinem dunklen Zimmer und begnüge mich in der Mitte desselben den größten Obskuranten des Landes aufzuhängen – »Mais, est-ce que vous verrez plus clair alors?« Augenscheinlichement, Madame – doch mißverstehen Sie mich nicht, ich hänge nicht den Mann selbst, sondern nur die kristallne Lampe, die ich für das Honorar, das ich aus ihm erschreibe, mir anschaffen werde. Indessen, ich glaube, es wäre noch besser, und es würde plötzlich im ganzen Lande hell werden, wenn man die Obskuranten in natura aufhinge. Kann man aber die Leute nicht hängen, so muß man sie brandmarken. Ich spreche wieder figürlich, ich brandmarke in effigie. Freilich, Herr v. Weiß – er ist weiß und unbescholten wie eine Lilie – hat sich weiß machen lassen, ich hätte in Berlin erzählt, er sei wirklich gebrandmarkt; der Narr ließ sich deshalb von der Obrigkeit besehen und schriftlich geben, daß seinem Rücken kein Wappen aufgedruckt sei, dieses negative Wappenzeugnis betrachtete er wie ein Diplom, das ihm Einlaß in die beste Gesellschaft verschaffen müsse, und wunderte sich, als man ihn dennoch hinauswarf, und kreischt jetzt Mord und Zeter über mich armen Menschen, und will mich, mit einer geladenen Pistole, wo er mich findet, totschießen – Und was glauben Sie wohl, Madame, was ich dagegen tue? Madame, für diesen Narrn, d. h. für das Honorar, das ich aus ihm herausschreiben werde, kaufe ich mir ein gutes Faß Rüdesheimer Rheinwein. Ich erwähne dieses, damit Sie nicht glauben, es sei Schadenfreude, daß ich so lustig aussehe, wenn mir Herr v. Weiß auf der Straße begegnet. Wahrhaftig, ich sehe in ihm nur meinen lieben Rüdesheimer, sobald ich ihn erblicke, wird mir wonnig und angenehm zumute, und ich trällere unwillkürlich: »Am Rhein, am Rhein, da wachsen unsre Reben –«»Dies Bildnis ist bezaubernd schön –«»O weiße Dame – –« Mein Rüdesheimer schaut alsdann sehr sauer, und man sollte glauben, er bestände nur aus Gift und Galle – Aber ich versichere Sie, Madame, es ist ein echtes Gewächs; findet sich auch das Beglaubigungswappen nicht eingebrannt, so weiß doch der Kenner es zu würdigen, ich werde dieses Fäßchen gar freudig anzapfen, und wenn es allzu bedrohlich gärt und auf eine gefährliche Art zerspringen will, so soll es von Amts wegen mit einigen eisernen Reifen gesichert werden.

Sie sehen also, Madame, für mich brauchen Sie nichts zu besorgen. Ich kann alles ruhig ansehn in dieser Welt. Der Herr hat mich gesegnet mit irdischen Gütern, und wenn er mir auch den Wein nicht ganz bequem in den Keller geliefert hat, so erlaubt er mir doch in seinem Weinberge zu arbeiten, ich brauche nur die Trauben zu lesen, zu keltern, zu pressen, zu bütten, und ich habe dann die klare Gottesgabe; und wenn mir auch nicht die Narren gebraten ins Maul fliegen, sondern mir gewöhnlich roh und abgeschmackt entgegenlaufen, so weiß ich sie doch so lange am Spieße herumzudrehen, zu schmoren, zu pfeffern, bis sie mürbe und genießbar werden. Sie sollen Ihre Freude haben, Madame, wenn ich mal meine große Fete gebe. Madame, Sie sollen meine Küche loben. Sie sollen gestehen, daß ich meine Satrapen ebenso pompöse bewirten kann, wie einst der große Ahasveros, der da König war, von Indien bis zu den Mohren, über hundertundsiebenundzwanzig Provinzen. Ganze Hekatomben von Narren werde ich einschlachten. Jener große Philoschnaps, der, wie einst Jupiter, in der Gestalt eines Ochsen, um den Beifall Europas buhlt, liefert den Ochsenbraten; ein trauriger Trauerspieldichter, der auf den Brettern, die ein traurig persisches Reich bedeuteten, uns einen traurigen Alexander gezeigt hat, liefert meiner Tafel einen ganz vorzüglichen Schweinskopf, wie gewöhnlich sauersüßlächelnd mit einer Zitronenscheibe im Maul und von der kunstverständigen Köchin mit Lorbeerblättern bedeckt; der Sänger der Korallenlippen, Schwanenhälse, hüpfenden Schneehügelchen, Dingelchen, Wädchen, Mimilichen, Küßchen und Assessorchen, nämlich H. Clauren, oder wie ihn auf der Friedrichstraße die frommen Bernhardinerinnen nennen, »Vater Clauren! unser

Clauren!« dieser Echte liefert mir all jene Gerichte, die er in seinen jährlichen Taschenbordellchen mit der Phantasie einer näscherischen Küchenjungfer so jettlich zu beschreiben weiß, und er gibt uns noch ein ganz besonderes Extra-Schüsselchen mit einem Sellerie-Gemüschen, »wonach einem das Herzchen vor Liebe puppert«; eine kluge, dürre Hofdame, wovon nur der Kopf genießbar ist, liefert uns ein analoges Gericht, nämlich Spargel; und es wird kein Mangel sein an Göttinger Wurst, Hamburger Rauchfleisch, pommerschen Gänsebrüsten, Ochsenzungen, gedämpftem Kalbshirn, Rindsmaul, Stockfisch, und allerlei Sorten Gelee, Berliner Pfannkuchen, Wiener Torte, Konfitüren

Madame, ich habe mir schon in Gedanken den Magen überladen! Der Henker hole solche Schlemmerei! Ich kann nicht viel vertragen. Meine Verdauung ist schlecht. Der Schweinskopf wirkt auf mich wie auf das übrige deutsche Publikum – ich muß einen Willibald-Alexis-Salat darauf essen, der reinigt – Oh! der unselige Schweinskopf mit der noch unseligern Sauce, die weder griechisch noch persisch, sondern wie Tee mit grüner Seife schmeckt; – Ruft mir meinen dicken Millionarrn!

Kapitel 15

Madame, ich bemerke eine leichte Wolke des Unmuts auf Ihrer schönen Stirne, und Sie scheinen zu fragen: ob es nicht unrecht sei, daß ich die Narren solchermaßen zurichte an den Spieß stecke, zerhacke, spicke, und viele sogar hinschlachte, die ich unverzehrt liegenlassen muß, und die nun den scharfen Schnäbeln der Spaßvögel zum Raube dienen, während die Witwen und Waisen heulen und jammern

Madame, c'est la guerre! Ich will Ihnen jetzt das ganze Rätsel lösen: Ich selbst bin zwar keiner von den Vernünftigen aber ich habe mich zu dieser Partei geschlagen, und seit 5588 Jahren führen wir Krieg mit den Narren. Die Narren glauben sich von uns beeinträchtigt, indem sie behaupten: es gäbe in der Welt nur eine bestimmte Dosis Vernunft, diese ganze Dosis hätten nun die Vernünftigen, Gott weiß wie! usurpiert, und es sei himmelschreiend, wie oft ein einziger Mensch so viel Vernunft an sich gerissen habe, daß seine Mitbürger und das ganze Land rund um ihn her ganz obskur geworden. Dies ist die geheime Ursache des Krieges, und es ist ein wahrer Vertilgungskrieg. Die Vernünftigen zeigen sich, wie gewöhnlich als die Ruhigsten, Mäßigsten und Vernünftigsten, sie sitzen festverschanzt in ihren altaristotelischen Werken, haben viel Geschütz, haben auch Munition genug, denn sie haben ja selbst das Pulver erfunden, und dann und wann werfen sie wohlbewiesene Bomben unter ihre Feinde. Aber leider sind diese letztern allzu zahlreich, und ihr Geschrei ist groß, und täglich verüben sie Greuel; wie denn wirklich jede Dummheit dem Vernünftigen ein Greuel ist. Ihre Kriegslisten sind oft von sehr schlauer Art. Einige Häuptlinge der großen Armee hüten sich wohl, die geheime Ursache des Krieges einzugestehen. Sie haben gehört, ein bekannter, falscher Mann, der es in der Falschheit so weit gebracht hatte, daß er am Ende sogar falsche Memoiren schrieb, nämlich Fouché, habe mal geäußert: Les paroles sont faites pour cacher nos pensées; und nun machen sie viele Worte, um zu verbergen, daß sie überhaupt keine Gedanken haben, und halten lange Reden und schreiben dicke Bücher, und wenn man sie hört, so preisen sie die alleinseligmachende Quelle der Gedanken, nämlich die Vernunft, und wenn man sie sieht, so treiben sie Mathematik, Logik, Statistik, Maschinen-Verbesserung,

Bürgersinn, Stallfütterung usw. – und wie der Affe um so lächerlicher wird, je mehr er sich dem Menschen ähnlich zeigt, so werden auch jene Narren desto lächerlicher, je vernünftiger sie sich gebärden. Andre Häuptlinge der großen Armee sind offenherziger, und gestehen, daß ihr Vernunftteil sehr gering ausgefallen, daß sie vielleicht gar nichts von der Vernunft abbekommen; indessen können sie nicht umhin zu versichern, die Vernunft sei sehr sauer und im Grunde von geringem Werte. Dies mag vielleicht wahr sein, aber unglücklichermaßen haben sie nicht mal so viel Vernunft, als dazu gehört, es zu beweisen. Sie greifen daher zu allerlei Aushülfe, sie entdecken neue Kräfte in sich, erklären, daß solche ebenso wirksam seien wie die Vernunft, ja in gewissen Nottfällen noch wirksamer, z. B. das Gemüt, der Glauben, die Inspiration usw., und mit diesem Vernunftsurrogat, mit dieser Runkelrübenvernunft, trösten sie sich. Mich Armen hassen sie aber ganz besonders, indem sie behaupten: ich sei von Haus aus einer der Ihrigen, ich sei ein Abtrünniger, ein Überläufer, der die heiligsten Bande zerrissen, ich sei jetzt sogar ein Spion, der heimlich auskundschafte, was sie, die Narren, zusammen treiben, um sie nachher dem Gelächter seiner neuen Genossen preiszugeben, und ich sei so dumm, nicht mal einzusehen, daß diese zu gleicher Zeit über mich selbst lachen und mich nimmermehr für ihresgleichen halten – Und da haben die Narren vollkommen recht.

Es ist wahr, jene halten mich nicht für ihresgleichen und mir gilt oft ihr heimliches Gekicher. Ich weiß es sehr gut, aber ich laß mir nichts merken. Mein Herz blutet dann innerlich, und wenn ich allein bin, fließen drob meine Tränen. Ich weiß es sehr gut, meine Stellung ist unnatürlich; alles, was ich tue, ist den Vernünftigen eine Torheit und den Narren ein Greuel. Sie hassen mich und ich fühle die Wahrheit des Spruches: »Stein ist schwer und Sand ist Last, aber der Narren Zorn ist schwerer denn die beide.« Und sie hassen mich nicht mit Unrecht. Es ist vollkommen wahr, ich habe die heiligsten Bande zerrissen, von Gott und Rechts wegen hätte ich unter den Narren leben und sterben müssen. Und ach! ich hätte es unter diesen Leuten so gut gehabt! Sie würden mich, wenn ich umkehren wollte, noch immer mit offnen Armen empfangen. Sie würden mir an den Augen absehen, was sie mir nur irgend Liebes erweisen könnten. Sie würden mich alle Tage zu Tische laden und des

Abends mitnehmen in ihre Teegesellschaften und Klubs, und ich könnte mit ihnen Whist spielen, Tabak rauchen, politisieren, und wenn ich dabei gähnte, hieße es hinter meinem Rücken: »Welch schönes Gemüt! eine Seele voll Glauben!« – erlauben Sie mir, Madame, daß ich eine Träne der Rührung weihe – ach! und ich würde Punsch mit ihnen trinken, bis die rechte Inspiration käme, und dann brächten sie mich in einer Portechaise wieder nach Hause, ängstlich besorgt, daß ich mich nicht erkälte, und der eine reichte mir schnell die Pantoffeln, der andre den seidnen Schlafrock, der dritte die weiße Nachtmütze, und sie machten mich dann zum Professor extraordinarius, oder zum Präsidenten einer Bekehrungsgesellschaft, oder zum Oberkalkulator, oder zum Direktor von römischen Ausgrabungen; – denn ich wäre so recht ein Mann, den man in allen Fächern gebrauchen könnte, sintemal ich die lateinischen Deklinationen sehr gut von den Konjugationen unterscheiden kann, und nicht so leicht wie andre Leute einen preußischen Postillonsstiefel für eine etruskische Vase ansehe. Mein Gemüt, mein Glauben, meine Inspiration könnten noch außerdem in den Betstunden viel Gutes wirken, nämlich für mich; nun gar mein ausgezeichnet poetisches Talent würde mir gute Dienste leisten bei hohen Geburtstagen und Vermählungen, und es wär gar nicht übel, wenn ich, in einem großen Nationalepos, all jene Helden besänge, wovon wir ganz bestimmt wissen, daß aus ihren verwesten Leichnamen Würmer gekrochen sind, die sich für ihre Nachkommen ausgeben.

Manche Leute, die keine geborene Narren und einst mit Vernunft begabt gewesen, sind solcher Vorteile wegen zu den Narren übergegangen, leben bei ihnen ein wahres Schlaraffenleben, die Torheiten, die ihnen anfänglich noch immer einige Überwindung gekostet, sind ihnen jetzt schon zur zweiten Natur geworden, ja sie sind nicht mehr als Heuchler, sondern als wahre Gläubige zu betrachten. Einer derselben, in dessen Kopf noch keine gänzliche Sonnenfinsternis eingetreten, liebt mich sehr, und jüngsthin, als ich bei ihm allein war, verschloß er die Türe und sprach zu mir mit ernster Stimme: »O Tor, der du den Weisen spielst und dennoch nicht so viel Verstand hast wie ein Rekrut im Mutterleibe! weißt du denn nicht, daß die Großen des Landes nur denjenigen erhöhen, der sich selbst erniedrigt und ihr Blut für besser rühmt als das seinige. Und nun gar verdirbst du es mit den Frommen des Landes! Ist es denn so über-

aus schwer, die gnadenseligen Augen zu verdrehen, die gläubigver-
schränkten Hände in die Rockärmel zu vermuffen, das Haupt wie
ein Lamm Gottes herabhängen zu lassen, und auswendig gelernte
Bibelsprüche zu wispern! Glaub mir, keine Hocherlauchte wird dich
für deine Gottlosigkeit bezahlen, die Männer der Liebe werden dich
hassen, verleumden und verfolgen, und du machst keine Karriere
weder im Himmel noch auf Erden!«

Ach! das ist alles wahr! Aber ich hab nun mal diese unglückliche
Passion für die Vernunft! Ich liebe sie, obgleich sie mich nicht mit
Gegenliebe beglückt. Ich gebe ihr alles, und sie gewährt mir nichts.
Ich kann nicht von ihr lassen. Und wie einst der jüdische König
Salomon im Hohenliede die christliche Kirche besungen, und zwar
unter dem Bilde eines schwarzen, liebeglühenden Mädchens, damit
seine Juden nichts merkten; so habe ich in unzähligen Liedern just
das Gegenteil, nämlich die Vernunft, besungen, und zwar unter
dem Bilde einer weißen, kalten Jungfrau, die mich anzieht und ab-
stößt, mir bald lächelt, bald zürnt, und mir endlich gar den Rücken
kehrt. Dieses Geheimnis meiner unglücklichen Liebe, das ich niemanden offenbare, gibt Ihnen, Madame, einen Maßstab zur Würdi-
gung meiner Narrheit, Sie sehen daraus, daß solche von außeror-
dentlicher Art ist, und großartig hervorragt über das gewöhnliche
närrische Treiben der Menschen. Lesen Sie meinen »Ratcliff«, meinen »Almansor«, mein »lyrisches Intermezzo« – Vernunft! Vernunft! nichts als Vernunft! – und Sie erschrecken ob der Höhe meiner Narrheit. Mit den Worten Agurs, des Sohnes Jake, kann ich
sagen:»Ich bin der Allernärrischste und Menschenverstand ist nicht
bei mir.« Hoch in die Lüfte hebt sich der Eichwald, hoch über den
Eichwald schwingt sich der Adler, hoch über dem Adler ziehen die
Wolken, hoch über den Wolken blitzen die Sterne – Madame, wird
Ihnen das nicht zu hoch? eh bien – hoch über den Sternen schweben
die Engel, hoch über den Engeln ragt – nein, Madame, höher kann
es meine Narrheit nicht bringen. Sie bringt es hoch genug! Ihr
schwindelt vor ihrer eigenen Erhabenheit. Sie macht mich zum
Riesen mit Siebenmeilenstiefeln. Mir ist des Mittags zumute, als
könnte ich alle Elefanten Hindostans aufessen und mir mit dem
Straßburger Münster die Zähne stochern; des Abends werde ich so
sentimental, daß ich die Milchstraße des Himmels aussaufen möchte, ohne zu bedenken, daß einem die kleinen Fixsterne sehr unver-

daulich im Magen liegenbleiben; und des Nachts geht der Spektakel erst recht los, in meinem Kopf gibts dann einen Kongreß von allen Völkern der Gegenwart und Vergangenheit, es kommen die Assyrer, Ägypter, Meder, Perser, Hebräer, Philister, Frankfurter, Babylonier, Karthager, Berliner, Römer, Spartaner, Türken, Kümmeltürken – Madame, es wäre zu weitläuftig, wenn ich Ihnen all diese Völker beschreiben wollte, lesen Sie nur den Herodot, den Livius, die Haude- und Spenersche Zeitung, den Curtius, den Cornelius Nepos, den Gesellschafter – Ich will unterdessen frühstücken, es will heute morgen mit dem Schreiben nicht mehr so lustig fortgehn, ich merke, der liebe Gott läßt mich in Stich – Madame, ich fürchte sogar, Sie haben es früher bemerkt als ich – ja, ich merke, die rechte Gotteshülfe ist heute noch gar nicht da gewesen, – Madame, ich will ein neues Kapitel anfangen, und Ihnen erzählen, wie ich nach dem Tode Le Grands in Godesberg ankam.

Kapitel 16

Als ich zu Godesberg ankam, setzte ich mich wieder zu den Füßen meiner schönen Freundin, – und neben mir legte sich ihr brauner Dachshund – und wir beide sahen hinauf in ihr Auge.

Heiliger Gott! in diesem Auge lag alle Herrlichkeit der Erde und ein ganzer Himmel obendrein. Vor Seligkeit hätte ich sterben können, während ich in jenes Auge blickte, und starb ich in solchem Augenblicke, so flog meine Seele direkt in jenes Auge. Oh, ich kann jenes Auge nicht beschreiben! Ich will mir einen Poeten, der vor Liebe verrückt worden ist, aus dem Tollhause kommen lassen, damit er aus dem Abgrund des Wahnsinns ein Bild heraufhole, womit ich jenes Auge vergleiche – Unter uns gesagt, ich wäre wohl selbst verrückt genug, daß ich zu einem solchen Geschäfte keines Gehülfen bedürfte. God d-n! sagte mal ein Engländer, wenn Sie einen so recht ruhig von oben bis unten betrachtet, so schmelzen einem die kupfernen Knöpfe des Fracks und das Herz obendrein. F-e! sagte ein Franzose, sie hat Augen vom größten Kaliber, und wenn so ein dreißigpfünder Blick herausschießt, krach! so ist man verliebt. Da war ein rotköpfiger Advokat aus Mainz, der sagte: Ihre Augen sehen aus wie zwei Tassen schwarzen Kaffee – Er wollte etwas sehr Süßes sagen, denn er warf immer unmenschlich viel Zucker in seinen Kaffee – Schlechte Vergleiche – Ich und der braune Dachshund lagen still zu den Füßen der schönen Frau, und schauten und horchten. Sie saß neben einem alten, eisgrauen Soldaten, einer ritterlichen Gestalt mit Quernarben auf der gefurchten Stirne. Sie sprachen beide von den sieben Bergen, die das schöne Abendrot bestrahlte, und von dem blauen Rhein, der unfern, groß und ruhig, vorbeiflutete – Was kümmerte uns das Siebengebirge, und das Abendrot und der blaue Rhein, und die segelweißen Kähne, die darauf schwammen, und die Musik, die aus einem Kahne erscholl, und der Schafskopf von Student, der darin so schmelzend und lieblich sang – ich und der braune Dachs, wir schauten in das Auge der Freundin und betrachteten ihr Antlitz, das aus den schwarzen Flechten und Locken, wie der Mond aus dunkeln Wolken, rosigbleich hervorglänzte – Es waren hohe, griechische Gesichtszüge, kühngewölbte Lippen, umspielt von Wehmut, Seligkeit und kindischer Laune, und wenn sie sprach, so wurden die Worte etwas tief fast seufzend angehaucht und dennoch ungeduldig rasch hervorgestoßen – und wenn sie sprach, und die Rede wie ein warmer heiterer Blumenregen aus dem schönen Munde herniederflockte – Oh! dann legte sich das Abendrot über meine Seele, es zogen hindurch mit klingendem Spiel die Erinnerungen der Kindheit, vor allem aber, wie Glöcklein, erklang in mir die Stimme der kleinen Veronika – und ich ergriff die schöne Hand der Freundin, und drückte sie an meine Augen, bis das Klingen in meiner Seele vorüber war – und dann sprang ich auf und lachte, und der Dachs bellte, und die Stirne des alten Generals furchte sich ernster, und ich setzte mich wieder und ergriff wieder die schöne, Hand und küßte sie und erzählte und sprach von der kleinen Veronika.

Kapitel 17

Madame, Sie wünschen, daß ich erzähle, wie die kleine Veronika ausgesehen hat. Aber ich will nicht. Sie, Madame, können nicht gezwungen werden, weiter zu lesen, als Sie wollen, und ich habe wiederum das Recht, daß ich nur dasjenige zu schreiben brauche, was ich will. Ich will aber jetzt erzählen, wie die schöne Hand aussah, die ich im vorigen Kapitel geküßt habe. Zuvörderst muß ich eingestehen: – ich war nicht wert, diese Hand zu küssen. Es war eine schöne Hand, so zart, durchsichtig, glänzend, süß, duftig, sanft, lieblich – wahrhaftig ich muß nach der Apotheke schicken, und mir für zwölf Groschen Beiwörter kommen lassen.

Auf dem Mittelfinger saß ein Ring mit einer Perle – ich sah nie eine Perle, die eine kläglichere Rolle spielte – auf dem Goldfinger trug sie einen Ring mit einer blauen Antike – ich habe stundenlang Archäologie daran studiert – auf dem Zeigefinger trug sie einen Diamant – es war ein Talisman, solange ich ihn sah, war ich glücklich, denn wo er war, war ja auch der Finger, nebst seinen vier Kollegen – und mit allen fünf Fingern schlug sie mir oft auf den Mund. Seitdem ich solchermaßen manupoliert worden, glaube ich steif und fest an den Magnetismus. Aber sie schlug nicht hart, und wenn sie schlug, hatte ich es immer verdient durch irgendeine gottlose Redensart, und wenn sie mich geschlagen hatte, so bereuete sie es gleich und nahm einen Kuchen, brach ihn entzwei, und gab mir die eine und dem braunen Dachse die andere Hälfte, und lächelte dann und sprach: »Ihr beide habt keine Religion und werdet nicht selig, und man muß euch auf dieser Welt mit Kuchen füttern, da für euch im Himmel kein Tisch gedeckt wird.« So halb und halb hatte sie recht, ich war damals sehr irreligiös und las den Thomas Paine, das Système de la nature, den Westfälischen Anzeiger und den Schleiermacher, und ließ mir den Bart und den Verstand wachsen, und wollte unter die Rationalisten gehen. Aber wenn mir die schöne Hand über die Stirne fuhr, blieb mir der Verstand stehen, und süßes Träumen erfüllte mich, und ich glaubte wieder fromme Marienliedchen zu hören, und ich dachte an die kleine Veronika.

Madame, Sie können sich kaum vorstellen, wie hübsch die kleine Veronika aussah, als sie in dem kleinen Särglein lag. Die brennenden Kerzen, die rund umher standen, warfen ihren Schimmer auf das bleiche, lächelnde Gesichtchen, und auf die rotseidenen Röschen und rauschenden Goldflitterchen, womit das Köpfchen und das weiße Totenhemdchen verziert war – die fromme Ursula hatte mich abends in das stille Zimmer geführt, und als ich die kleine Leiche, mit den Lichtern und Blumen, auf dem Tische ausgestellt sah, glaubte ich anfangs, es sei ein hübsches Heiligenbildchen von Wachs; doch bald erkannte ich das liebe Antlitz, und frug lachend: warum die kleine Veronika so still sei? und die Ursula sagte: Das tut der Tod.

Und als sie sagte: Das tut der Tod – Doch ich will heute diese Geschichte nicht erzählen, sie würde sich zu sehr in die Länge ziehen, ich müßte auch vorher von der lahmen Elster sprechen, die auf dem Schloßplatz herumhinkte und dreihundert Jahr alt war, und ich könnte ordentlich melancholisch werden – Ich bekomme plötzlich Lust, eine andere Geschichte zu erzählen, und die ist lustig, und paßt auch an diesen Ort, denn es ist die eigentliche Geschichte, die in diesem Buche vorgetragen werden sollte.

Kapitel 18

In der Brust des Ritters war nichts als Nacht und Schmerz. Die Dolchstiche der Verleumdung hatten ihn gut getroffen, und wie er dahinging, über den Sankt-Markus-Platz, war ihm zumute als wollte sein Herz brechen und verbluten. Seine Füße schwankten vor Müdigkeit – das edle Wild war den ganzen Tag gehetzt worden, und es war ein heißer Sommertag – der Schweiß lag auf seiner Stirne, und als er in die Gondel stieg, seufzte er tief. Er saß gedankenlos in dem schwarzen Gondelzimmer, gedankenlos schaukelten ihn die weichen Wellen, und trugen ihn den wohlbekannten Weg hinein in die Brenta – und als er vor dem wohlbekannten Palaste ausstieg, hörte er: Signora Laura sei im Garten.

Sie stand, gelehnt an die Statue des Laokoon, neben dem roten Rosenbaum, am Ende der Terrasse, unfern von den Trauerweiden, die sich wehmütig herabbeugen über den vorbeiziehenden Fluß. Da stand sie lächelnd, ein weiches Bild der Liebe, umduftet von Rosen. Er aber erwachte, wie aus einem schwarzen Traume, und war plötzlich wie umgewandelt in Milde und Sehnsucht. »Signora Laura!« – sprach er – »ich bin elend und bedrängt von Haß und Not und Lüge« – und dann stockte er, und stammelte: – »aber ich liebe Euch« – und dann schoß eine freudige Träne in sein Auge, und mit feuchten Augen und flammenden Lippen rief er : – »Sei mein Mädchen, und liebe mich!«

Es liegt ein geheimnisdunkler Schleier über dieser Stunde, kein Sterblicher weiß, was Signora Laura geantwortet hat, und wenn man ihren guten Engel im Himmel darob befragt, so verhüllt er sich und seufzt und schweigt.

Einsam stand der Ritter noch lange bei der Statue des Laokoon, sein Antlitz war ebenso verzerrt und weiß, bewußtlos entblätterte er alle Rosen des Rosenbaums, er zerknickte sogar die jungen Knospen – der Baum hat nie wieder Blüten getragen – in der Ferne klagte eine wahnsinnige Nachtigall, die Trauerweiden flüsterten ängstlich, dumpf murmelten die kühlen Wellen der Brenta, die Nacht kam heraufgestiegen mit ihrem Mond und ihren Sternen – ein schöner Stern, der schönste von allen, fiel vom Himmel herab.

Kapitel 19

Vous pleurez, Madame?

Oh, mögen die Augen, die jetzt so schöne Tränen vergießen, noch lange die Welt mit ihren Strahlen erleuchten, und eine warme, liebe Hand möge sie einst zudrücken in der Stunde des Todes! Ein weiches Sterbekissen, Madame, ist auch eine gute Sache in der Stunde des Todes, und möge Ihnen alsdann nicht fehlen; und wenn das schöne, müde Haupt darauf niedersinkt und die schwarzen Locken herabwallen über das verbleichende Antlitz: Oh, dann möge Ihnen Gott die Tränen vergelten, die für mich geflossen sind – denn ich bin selber der Ritter, für den Sie geweint haben, ich bin selber jener irrende Ritter der Liebe, der Ritter vom gefallenen Stern.

Vous pleurez, Madame?

Oh, ich kenne diese Tränen! Wozu soll die längere Verstellung? Sie, Madame, sind ja selbst die schöne Frau, die schon in Godesberg so lieblich geweint hat, als ich das trübe Märchen meines Lebens erzählte – Wie Perlen über Rosen, rollten die schönen Tränen über die schönen Wangen – der Dachs schwieg, das Abendgeläute von Königswinter verhallte, der Rhein murmelte leiser, die Nacht bedeckte die Erde mit ihrem schwarzen Mantel, und ich saß zu Ihren Füßen, Madame, und sah in die Höhe, in den gestirnten Himmel – Im Anfang hielt ich Ihre Augen ebenfalls für zwei Sterne – Aber wie kann man solche schöne Augen mit Sternen verwechseln? Diese kalten Lichter des Himmels können nicht weinen über das Elend eines Menschen, der so elend ist, daß er nicht mehr weinen kann.

Und ich hatte noch besondere Gründe, diese Augen nicht zu verkennen – in diesen Augen wohnte die Seele der kleinen Veronika.

Ich habe nachgerechnet, Madame, Sie sind geboren just an dem Tage, als die kleine Veronika starb. Die Johanna in Andernacht hatte mir vorausgesagt, daß ich in Godesberg die kleine Veronika wiederfinden würde – Und ich habe Sie gleich wiedererkannt – Das war ein schlechter Einfall, Madame, daß Sie damals starben, als die hübschen Spiele erst recht losgehen sollten. Seit die fromme Ursula mir gesagt »Das tut der Tod«, ging ich allein und ernsthaft in der großen Gemäldegalerie umher, die Bilder wollten mir nicht mehr so gut gefallen wie sonst, sie schienen mir plötzlich verblichen zu sein, nur ein einziges hatte Farbe und Glanz behalten – Sie wissen, Madame, welches Stück ich meine: –

Es ist der Sultan und die Sultanin von Delhi.

Erinnern Sie sich, Madame, wie wir oft stundenlang davorstanden, und die fromme Ursula so wunderlich schmunzelte, wenn es den Leuten auffiel, daß die Gesichter auf jenem Bilde mit den unsrigen so viele Ähnlichkeit hatten? Madame, ich finde, daß Sie auf jenem Bilde recht gut getroffen waren, und es ist unbegreiflich, wie der Maler Sie sogar bis auf die Kleidung darstellte, die Sie damals getragen. Man sagt, er sei wahnsinnig gewesen und habe Ihr Bild geträumt. Oder saß seine Seele vielleicht in dem großen, heiligen Affen, der Ihnen damals, wie ein Jockey, aufwartete? – in diesem Falle mußte er sich wohl des silbergrauen Schleiers erinnern, den er einst mit rotem Wein überschüttet und verdorben hat – Ich war froh, daß Sie ihn ablegten, er kleidete Sie nicht sonderlich, wie denn überhaupt die europäische Tracht für Frauenzimmer viel kleidsamer ist, als die indische. Freilich, schöne Frauen sind schön in jeder Tracht. Erinnern Sie sich, Madame, daß ein galanter Brahmine – er sah aus wie Ganesa, der Gott mit dem Elefantenrüssel, der auf einer Maus reitet – Ihnen einst das Kompliment gemacht hat: die göttliche Maneka, als sie aus Indras goldner Burg zum königlichen Büßer Wiswamitra hinabgestiegen, sei gewiß nicht schöner gewesen als Sie, Madame!

Sie erinnern sich dessen nicht mehr? Es sind ja kaum 3000 Jahre, seitdem Ihnen dieses gesagt worden, und schöne Frauen pflegen sonst eine zarte Schmeichelei nicht so schnell zu vergessen.

Indessen für Männer ist die indische Tracht weit kleidsamer als die europäische. Oh, meine rosaroten, lotosgeblümten Pantalons von Delhi! hätte ich euch getragen, als ich vor Signora Laura stand und um Liebe flehete – das vorige Kapitel hätte anders gelautet! Aber, ach! ich trug damals strohgelbe Pantalons, die ein nüchterner Chinese in Nanking gewebt – mein Verderben war hineingewebt – und ich wurde elend.

Oft sitzt ein junger Mensch in einem kleinen deutschen Kaffeestübchen und trinkt ruhig seine Tasse Kaffee, und unterdessen im weiten, fernen China wächst und blüht sein Verderben, und wird dort gesponnen und verwebt, und trotz der hohen, chinesischen Mauer weiß es seinen Weg zu finden zu dem jungen Menschen, der es für ein Paar Nankinghosen hält und diese arglos anzieht und elend wird – Und, Madame, in der kleinen Brust eines Menschen kann sich gar viel Elend verstecken, und so gut versteckt halten, daß der arme Mensch selbst es tagelang nicht fühlt, und guter Dinge ist, und lustig tanzt und pfeift, und trällert – lalarallala, lalarallala, lalaral – la – la – la.

Kapitel 20

Sie war liebenswürdig, und Er liebte Sie; Er aber
war nicht liebenswürdig, und Sie liebte ihn nicht.
(Altes Stück)

Und wegen dieser dummen Geschichte haben Sie sich totschießen
wollen? Madame, wenn ein Mensch sich totschießen will, so hat er
dazu immer hinlängliche Gründe. Darauf können Sie sich verlassen.
Aber ob er selbst diese Gründe kennt, das ist die Frage. Bis auf den
letzten Augenblick spielen wir Komödie mit uns selber. Wir mas-
kieren sogar unser Elend, und während wir an einer Brustwunde
sterben, klagen wir über Zahnweh.

Madame, Sie wissen gewiß ein Mittel gegen Zahnweh?

Ich aber hatte Zahnweh im Herzen. Das ist ein schlimmstes Übel,
und da hilft sehr gut das Füllen mit Blei und das Zahnpulver, das
Barthold Schwarz erfunden hat.

Wie ein Wurm nagte das Elend in meinem Herzen, und nagte –
Der arme Chinese trägt keine Schuld, ich habe dieses Elend mit mir
zur Welt gebracht. Es lag schon mit mir in der Wiege, und wenn
meine Mutter mich wiegte, so wiegte sie es mit, und wenn sie mich
in den Schlaf sang, so schlief es mit mir ein, und es erwachte, sobald
ich wieder die Augen aufschlug. Als ich größer wurde, wuchs auch
das Elend und wurde endlich ganz groß, und zersprengte mein

Wir wollen von andern Dingen sprechen, vom Jungfernkranz,
von Maskenbällen, von Lust und Hochzeitfreude – lalarallala,
lalarallala, lalaral – la – la – la.

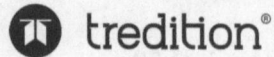

Über tredition

Eigenes Buch veröffentlichen

tredition wurde 2006 in Hamburg gegründet und hat seither mehrere tausend Buchtitel veröffentlicht. Autoren veröffentlichen in wenigen leichten Schritten gedruckte Bücher, e-Books und audio-Books. tredition hat das Ziel, die beste und fairste Veröffentlichungsmöglichkeit für Autoren zu bieten.

tredition wurde mit der Erkenntnis gegründet, dass nur etwa jedes 200. bei Verlagen eingereichte Manuskript veröffentlicht wird. Dabei hat jedes Buch seinen Markt, also seine Leser. tredition sorgt dafür, dass für jedes Buch die Leserschaft auch erreicht wird.

Im einzigartigen Literatur-Netzwerk von tredition bieten zahlreiche Literatur-Partner (das sind Lektoren, Übersetzer, Hörbuchsprecher und Illustratoren) ihre Dienstleistung an, um Manuskripte zu verbessern oder die Vielfalt zu erhöhen. Autoren vereinbaren direkt mit den Literatur-Partnern die Konditionen ihrer Zusammenarbeit und partizipieren gemeinsam am Erfolg des Buches.

Das gesamte Verlagsprogramm von tredition ist bei allen stationären Buchhandlungen und Online-Buchhändlern wie z. B. Amazon erhältlich. e-Books stehen bei den führenden Online-Portalen (z. B. iBookstore von Apple oder Kindle von Amazon) zum Verkauf.

Einfach leicht ein Buch veröffentlichen: **www.tredition.de**

Eigene Buchreihe oder eigenen Verlag gründen

Seit 2009 bietet tredition sein Verlagskonzept auch als sogenanntes "White-Label" an. Das bedeutet, dass andere Unternehmen, Institutionen und Personen risikofrei und unkompliziert selbst zum Herausgeber von Büchern und Buchreihen unter eigener Marke werden können. tredition übernimmt dabei das komplette Herstellungs- und Distributionsrisiko.

Zahlreiche Zeitschriften-, Zeitungs- und Buchverlage, Universitäten, Forschungseinrichtungen u.v.m. nutzen diese Dienstleistung von tredition, um unter eigener Marke ohne Risiko Bücher zu verlegen.

Alle Informationen im Internet: **www.tredition.de/fuer-verlage**

tredition wurde mit mehreren Innovationspreisen ausgezeichnet, u. a. mit dem Webfuture Award und dem Innovationspreis der Buch Digitale.

tredition ist Mitglied im Börsenverein des Deutschen Buchhandels.

Dieses Werk elektronisch lesen

Dieses Werk ist Teil der Gutenberg-DE Edition DVD. Diese enthält das komplette Archiv des Projekt Gutenberg-DE. Die DVD ist im Internet erhältlich auf **http://gutenbergshop.abc.de**